社会主义核心价值观
融入司法审判典型案例研究

褟达宇 ◎ 主编

人民法院出版社

图书在版编目（ＣＩＰ）数据

社会主义核心价值观融入司法审判典型案例研究 / 禤达宇主编. -- 北京：人民法院出版社，2023.8
ISBN 978-7-5109-3845-0

Ⅰ.①社… Ⅱ.①禤… Ⅲ.①审判－案例－中国 Ⅳ.①D925.05

中国国家版本馆CIP数据核字(2023)第136742号

社会主义核心价值观融入司法审判典型案例研究
禤达宇　主编

责任编辑	张　艺
执行编辑	沈洁雯
封面设计	尹苗苗
出版发行	人民法院出版社
地　　址	北京市东城区东交民巷27号（100745）
电　　话	（010）67550667（责任编辑）　67550558（发行部查询）
	65223677（读者服务部）
客 服 QQ	2092078039
网　　址	http://www.courtbook.com.cn
E - mail	courtpress@sohu.com
印　　刷	保定市中画美凯印刷有限公司
经　　销	新华书店
开　　本	880毫米×1230毫米　1/32
字　　数	200千字
印　　张	8.25
版　　次	2023年8月第1版　2023年8月第1次印刷
书　　号	ISBN 978-7-5109-3845-0
定　　价	45.00元

版权所有　侵权必究

社会主义核心价值观融入司法审判典型案例研究
编辑委员会

主　编：禤达宇
副主编：邹尚忠　马　密
委　员：（以姓氏笔画为序）
　　　　王云勇　韦丹萍　陈小青　杨晓宁
　　　　张琳婕　周家开　周　琰　侯金铭
　　　　茹　超　雷　蕾

序

Foreword

党的十八大以来，习近平总书记多次就培育和践行社会主义核心价值观作出重要论述，指出"我们要大力培育和弘扬社会主义核心价值体系和核心价值观，加快构建充分反映中国特色、民族特性、时代特征的价值体系"[①]。将社会主义核心价值观融入司法裁判，是人民法院践行和弘扬社会主义核心价值观的重要举措，是坚持法治与德治相融合的具体体现，是规范法官自由裁量权、有效回应群众诉求的必然要求。近年来，广西各级人民法院坚持以习近平新时代中国特色社会主义思想为指导，深入贯彻落实习近平法治思想，把人民群众作为评价法院工作好坏的主体，注重将社会主义核心价值观融入司法裁判，全区法院审判质效不断提升，司法理论研究成果不断涌现。《社会主义核心价值观融入司法审判典型案例研究》一书即为具体研究成果。

司法是维护社会公平正义的最后一道防线，公正是司法的灵魂和生命。司法公正不是抽象的而是具体的，体现在法官撰写的每

---

① 中共中央文献研究室编：《习近平关于社会主义文化建设论述摘编》，中央文献出版社2017年版，第105页。

一份判决书中。优秀的判决应该彰显法治精神和社会主义核心价值观。法官裁判不应僵硬地适用法律，而要寻求适用法律的结果符合人民群众朴素的正义观。

《社会主义核心价值观融入司法审判典型案例研究》一书，选取体现社会主义核心价值观的典型案例进行理论探索，提出了操作性强、针对性强的解决方案，分析案例精准到位，问题提出客观全面，解决举措务实有效，读了之后，能够正确理解和深刻认识社会主义核心价值观与法律规定之间的内在统一关系，更加明晰如何在裁判中实现政治效果、法律效果和社会效果相统一。

司法理论源于司法实践，又指导着司法实践。新时代的法官，既要做定分止争的公正裁判者，也要做司法实践的不倦探索者，从无数纷繁芜杂的司法案例中探索出具有普遍性、规律性的东西，并进一步上升为司法理论，从更高的层面指导司法实践，努力让人民群众在每一个司法案件中感受到公平正义。

是为序。

广西壮族自治区高级人民法院党组书记、院长黄海龙

2023年7月21日

目录
Contents

绪 论
一、研究背景 / 003
二、研究目的 / 004
三、研究思路与内容 / 005
四、研究方法 / 005
五、研究综述 / 006
六、创新之处 / 015

第一章
社会主义核心价值观融入司法审判的历史脉络

第一节 社会主义核心价值观概念的厘定 / 019
  一、价值与价值观 / 019
  二、社会主义核心价值观的内部构成要素 / 021
  三、社会主义核心价值观具体价值的内涵 / 024
第二节 社会主义核心价值观融入司法审判的演进历程 / 037
  一、宏观层面 / 037
  二、微观层面 / 040

第二章

社会主义核心价值观融入司法审判的典型案例样本分析

第一节　社会主义核心价值观融入司法审判典型案例的总体样态 / 045

　　一、典型案例的遴选以民商事案件为主，刑事案件和行政案件数量占比较低 / 045

　　二、典型案例弘扬的具体价值多元、表述多样 / 048

　　三、从释法说理的繁简情况来看，样本案例对社会主义核心价值观的具体阐释精简精练而不粗略 / 049

第二节　最高人民法院发布的弘扬社会主义核心价值观典型案例样本分析 / 051

　　一、非援引融入和援引融入 / 057

　　二、实质融入和形式融入 / 059

　　三、具体融入和概括融入 / 060

　　四、单独融入和复合融入 / 062

第三节　高级人民法院发布的弘扬社会主义核心价值观典型案例样本分析 / 063

　　一、高级人民法院发布的案件类型与最高人民法院发布的基本保持一致 / 063

　　二、发布弘扬社会主义核心价值观典型案例的高级人民法院地域分布不均 / 065

第四节　社会主义核心价值观融入司法审判的具体环节 / 067

　　一、社会主义核心价值观可用于案件事实的认定，但必须结合证据证明标准与相关事实要件来综合判定 / 068

　　二、社会主义核心价值观可以且重点用于确定裁判依据、准确适用法律 / 069

目 录

第三章
社会主义核心价值观融入司法审判的重大成效

第一节 社会主义核心价值观融入司法审判的功能 / 075
 一、社会主义核心价值观融入司法审判典型案例具有价值引导作用 / 075
 二、社会主义核心价值观融入司法审判典型案例具有规则引领功能 / 082

第二节 社会主义核心价值观融入司法审判的意义 / 086
 一、有利于贯彻执行公共政策 / 087
 二、有利于司法引领社会风尚 / 089
 三、有利于发挥司法的权利保障功能 / 093

第四章
社会主义核心价值观融入司法审判的现实困境

第一节 社会主义核心价值观内涵泛化 / 100
 一、不同价值观适用边界模糊 / 100
 二、对社会主义核心价值观的本质理解不一致 / 101

第二节 社会主义核心价值观融入司法审判的方式不明确 / 102
 一、社会主义核心价值观适用方式难以统一 / 102
 二、社会主义核心价值观的具体适用边界较为模糊 / 103
 三、社会主义核心价值观融入司法审判的机制不健全 / 105

第五章

社会主义核心价值观融入司法审判的规则、方法及配套机制

第一节　社会主义核心价值观融入司法审判的一般规则 / 111
　　一、从引证融入向非引证融入转变 / 112
　　二、本质融入优于模式化融入 / 113
　　三、具体融入先于抽象融入 / 115
第二节　社会主义核心价值观融入司法审判的具体规则 / 116
　　一、社会主义核心价值观在事实认定中的具体规则 / 117
　　二、社会主义核心价值观在有规范性法律文件作为裁判直接依据时
　　　　运用的具体规则 / 121
　　三、社会主义核心价值观在无规范性法律文件作为裁判直接依据时
　　　　运用的具体规则 / 126
第三节　社会主义核心价值观融入常见案件类型的适用方法 / 131
　　一、事实认定方面 / 131
　　二、法律适用方面 / 135
　　三、"法律空白类"案件 / 139
第四节　社会主义核心价值观融入司法审判的配套机制建设 / 143
　　一、《社会主义核心价值观融入释法说理的指导意见》设定的
　　　　总体配套机制 / 144
　　二、建立案件识别机制 / 147
　　三、明确典型案例发布机制 / 153

第六章

弘扬社会主义核心价值观典型案例分析

一、网络招聘单位侵权责任及承担方式的认定
　　——闫某诉某某有限公司平等就业权纠纷案 / *159*

二、在职培养协议约定服务期限内离职违约金的合法性认定
　　——某大学诉谢某某人事争议案 / *165*

三、应当恪守诚信，按约履行协议
　　——广西某公司诉某县政府、某县自然资源局不履行法定职责案 / *169*

四、确认见义勇为是否成立时可采用高度可能性的证明标准
　　——黄某某、曾某某诉某区人民政府见义勇为行政确认案 / *173*

五、不能因村民补办户籍、长期外出打工而剥夺其村民待遇
　　——刘某某诉某市某区人民政府土地行政征收安置补偿案 / *180*

六、赡养协议的受益人是否可以享有承包地被征用的补偿款
　　——杨某1、杨某2诉秀山土家族苗族自治县涌洞乡川河村大阪场组等承包地征收补偿费用分配纠纷案 / *184*

七、居民楼加装电梯的受益方是否要给受损方补偿及补偿标准
　　——曾某某、陈某某等相邻关系纠纷案 / *187*

八、天津市人民检察院第三分院与李某某侵害烈士名誉民事公益诉讼案 / *193*

九、社会主义核心价值观在法律事实认定中的适用
　　——黄某1诉平果县人力资源和社会保障局工伤行政确认案 / *196*

十、利用疫情发布虚假防疫物资信息骗取他人钱财应从重处罚
　　——卢某某诈骗案 / *202*

十一、拒不执行支付赡养费判决、裁定的,可以酌情从重处罚
　　——任某某拒不执行法院判决裁定案 / 204

十二、疫情防控背景下,轻微醉驾可以酌情从轻处罚
　　——王某某危险驾驶案 / 207

十三、子女未尽到赡养义务,赠与人是否可以行使法定撤销权
　　——杨某1、杨某2赠与合同纠纷案 / 209

十四、伪造证据面临的法律后果
　　——贵永(天津)国际贸易有限公司、天津恒丰融资担保有限公司买卖合同纠纷案 / 213

十五、突发事件背景下行政机关应急处置措施合法性审查标准的认定
　　——翟某诉某区人民政府街道办事处确认行政行为违法及行政赔偿案 / 216

十六、网络虚假信息型寻衅滋事罪的认定标准
　　——彭某某寻衅滋事案 / 220

十七、遗弃罪的认定标准
　　——周某某遗弃案 / 224

十八、维护诚实信用,优化营商环境
　　——钱某与广州某某网络科技有限公司悬赏广告纠纷案 / 226

十九、房屋受赠人存在赌博等恶习未改正前,赠与人可延缓办理房屋过户登记
　　——李某1、李某2赠与合同纠纷案 / 230

附　录

广西法院弘扬社会主义核心价值观典型案例汇编

一、王某某等诉潘某某生命权纠纷案 / 237
二、王某过失致人死亡案 / 238

三、黄某某与韦某1、韦某2财产损害赔偿纠纷案 / *239*

四、柳州市社会福利院诉王某某被继承人债务清偿纠纷案 / *241*

五、温某等侵犯著作权案 / *242*

六、刘某1、刘某2诉全州县某村民小组相邻通行纠纷案 / *244*

七、满某某、林某某诉北海市某区民政局停发低保金行政管理案 / *245*

八、北海市海城区人民政府某街道办事处诉徐某监护权纠纷案 / *247*

九、何某某与翟某某离婚后财产纠纷案 / *249*

绪 论

当代中国，经济社会快速变迁，价值观念多元繁芜，社会结构持续转型，在 14 亿人口、56 个民族中，提取并弘扬普遍认同的价值观"最大公约数"，直接关系到民族前途、国家命运、人民幸福。自党的十八大正式提出 24 字社会主义核心价值观以来，习近平总书记就培育和践行社会主义核心价值观作出一系列重要指示和论述，党的二十大更是对"广泛践行社会主义核心价值观"作了专门阐释，为新时代新征程培育和践行社会主义核心价值观指明了方向、提供了遵循。在此期间，第十三届全国人民代表大会第一次会议通过的《宪法修正案》，已经将"国家倡导社会主义核心价值观"明定为《宪法》条款，为社会主义核心价值观融入中国特色社会主义法治体系奠定了根本法的基础。人民法院作为政治机关、审判机关，承担着实施公共政策、化解矛盾纠纷、保护合法权益、彰显公平正义的重要使命，肩负着社会"稳定器"的重要职责，在自身司法活动中自觉践行和弘扬社会主义核心价值观，既是应当实践的政治职责，也是必须履行的宪法义务。因此，我们必须思考，在倡导和弘扬社会主义核心价值观这一主题下，人民法院应当而且可以有哪些作为？

一、研究背景

自党的十八大正式提出社会主义核心价值观以来，各个学科从不同的视角和立场对其进行了广泛而深入的研究与探讨。在法学领域，理论学者和实务专家对社会主义核心价值观的基本内涵、践行和培育方法、倡导和弘扬途径等作出了数量可观的研究。总体来看，这些研究主要集中在两个维度，一是社会主义核心价值观融入法治建设之类的宏观维度，二是社会主义核心价值观融入裁判文书释法说理这样的微观维度。从中观层面来讲，人民法院的司法活动大致包括司法审判、司法救助、司法建议、制定司法解释、发布指导案例和典型案例等，其中司法审判是人民法院最主要、最核心的司法活动。而目前的研究中，针对社会主义核心价值观如何融入司法审判这一中观层面的研究却较少。

司法机关要想让利益诉求并不一致的双方当事人都能够在司法审判中感受到公平正义，就必须找到双方甚至多方认识上的共识，以此为出发点展开说理论证，评判是非对错。法律虽然是公民意志的集中体现，但它是对纷繁杂芜的生活经验的高度概括和抽象，与变迁中的社会生活可能存在差距，单单依靠法律规则评判曲直、界分利益，并不足以使双方或者多方产生认同感。作为全社会的价值共识，社会主义核心价值观无疑是使法律规则回到社会生活的重要工具。以社会主义核心价值观为出发点和归宿，认定事实，阐明法律，得出裁判，才能够真正实现司法审判定分止争、弘扬公平正义的功能。在这样的背景下，对这一问题进行全面系统的研究具有重要的理论和实践意义。

二、研究目的

"一种价值观要真正发挥作用，必须融入社会生活，让人们在实践中感知它、领悟它。"① 本课题研究的目的，就是通过分析现有司法实践，明确法官在司法审判中融入社会主义核心价值观的目的、价值和意义，找寻社会主义核心价值观融入司法审判的有效路径，以期对司法实践具有一定的指导意义，从而助力人民法院"培育和弘扬社会主义核心价值观"之政治职责的贯彻落实，"倡导社会主义核心价值观"之宪法义务的高效履行，助推

---

① 《习近平：把培育和弘扬社会主义核心价值观作为凝魂聚气强基固本的基础工程》，载《人民日报》2014年2月26日，第1版。

社会主义核心价值观融入国家政治生活和社会生产实践。

三、研究思路与内容

为达到前述研究目的，本课题研究主要从以下具体思路和问题着手。

第一，阐明社会主义核心价值观融入司法审判的基本理论。主要致力于澄清社会主义核心价值观的基本内涵，明确其自身的独特属性和核心构造，界分其与道德、法律原则、公共政策等相关概念的区别和联系，从而论证社会主义核心价值观与司法审判之间双向互动的可能性，明晰社会主义核心价值观融入司法审判的历史脉络。

第二，审视社会主义核心价值观融入司法审判的现状。主要以应然阐释和实证分析相结合的方式，分析社会主义核心价值观融入司法审判的典型案例，总结现阶段的司法实践经验。重点是考察社会主义核心价值观怎样用于事实认定，如何指导裁判依据的确定和法律的准确适用。在此基础上，反思现阶段社会主义核心价值观融入司法审判的具体方式和效果，指出存在的问题。

第三，提出增强社会主义核心价值观融入司法审判有效性的系统路径。即致力于解决社会主义核心价值观怎样更有效地融入司法审判的问题。其核心是要明确社会主义核心价值观融入司法审判的功能和意义，健全其在司法审判中的使用规则，厘定其在司法审判中的使用边界并完善相应的配套制度，助推人民法院更加高效地将社会主义核心价值观融入司法审判。

四、研究方法

本课题研究综合运用概念分析法、实证分析法、结构功能分析法展开具体研究。首先，从概念法学的立场出发，采用概念分析法，诠释社会主义核心价值观的基本内涵，厘清其与法律原则、道德、公共政策之间的区分，说明其与"普通"价值或者价值观之间的辩证关系。其次，使用实证分析法，以最高人民法院和全国各地人民法院发布的典型案例为研究重点，兼顾考察中国裁判文书网上的相关典型案例，系统归纳分析社会主义核心价值观融入司法审判的实践经验及存在的问题。最后，立足法解释学的立场，采用结构功能主义分析法，通过对司法活动的程序构造之解构，从案件范围、事实认定、法律适用等各个环节完善相关规则，规范法官在司法审判中融入社会主义核心价值观的自由裁量权，解决社会主义核心价值观融入司法审判的系统路径问题。

五、研究综述

以前述研究目的、内容和方法为指引，本课题研究在自身条件可及的检索范围内，对国内现有研究进行梳理和评析，既为本课题研究的后续展开提供智识资源，也为进一步细化和明确本课题研究的具体进路提供有益助力。

法学理论界和实务界关于社会主义核心价值观的研究取得了丰富成果，从总体维度上大体可划分为两种类型：一是立足于国家治理体系和治理能力现代化的背景，阐述社会主义核心价值观的基本内涵和法治功能，论证将其融入法治建设的必要性和可行性，诠释符合法治思维的方法论；二是深入法律运行的不同场域，具体探索立法、执法、司法等不同环节中践行和弘扬社会主义核心价值观的重要意义及可行路径。

（一）关于社会主义核心价值观与法治建设的耦合关系研究

在社会主义核心价值观融入法治建设的主题下，学界充分诠释并取得共识：在法治国家、法治政府、法治社会等法治建设的全过程培育和弘扬社会主义核心价值观，是实现依法治国和以德治国相结合的重要途径，是推动国家治理体系和治理能力现代化的应有之义。①部分学者初步揭示了社会主义核心价值观融入法治建设的方法论。例如，有学者指出立法融入最简单，但不能实现常态化、生活化，在法律实施的过程中，通过执法、司法等常态化融入最为重要；②也有学者提出应当将社会主义核心价值观转译为法教义学话语，提高其融入法治建设的规范性和法治符合性；③还有学者主张社会主义核心价值观和软法治理在价值层面相得益彰，通过软法范式的辅助，实现价值与规范有机结合的现代化社会治理模式。④这一主题下的研究为我们探讨社会主义核心价值观如何融入司法审判提供了基本理论支持，帮助我们在前人的基础上进一步揭示社会主义核心价值观融入司法审判的法理基础，为具体路径的完善和机制的发现指明符合法治范式的方法论。

---

① 参见杨福忠等：《社会主义核心价值观融入法治建设研究》，法律出版社 2022 年版，第 1~20 页；李宏伟：《社会主义核心价值观融入法治中国建设研究》，知识产权出版社 2019 年版，第 100~115 页；张文显：《国家制度建设和国家治理现代化的五个核心命题》，载《法制与社会发展》2020 年第 1 期；秦文：《核心价值观融入法治建设的历史逻辑及当代启示》，载《毛泽东邓小平理论研究》2018 年第 8 期；冯玉军：《把社会主义核心价值观融入法治建设的要义和途径》，载《当代世界与社会主义》2017 年第 4 期。

② 参见陈金钊：《"社会主义核心价值观融入法治建设"的方法论诠释》，载《当代世界与社会主义》2017 年第 4 期。

③ 参见蒋太珂：《社会主义核心价值观融入法教义学的路径》，载《法律方法》2018 年第 1 期。

④ 参见张剑平：《社会主义核心价值观融入行政法治的软法范式》，载《求索》2021 年第 2 期；陶春丽、武奎：《社会主义核心价值观软法化的内在逻辑及其具体路径》，载《安庆师范学院学报（社会科学版）》2016 年第 2 期。

（二）关于社会主义核心价值观融入立法的研究

在立法理论方面，学界主流观点认为应当将社会主义核心价值观"入法入规"，将其内化为规范条款，通过制度化、体系化的方式维护其权威，并且从不同视角提出了"入法入规"的具体路径和方法，大体可划分为三种类型[①]：一是将其写进立法目的条款，如《民法典》第1条[②]、《英雄烈士保护法》第1条[③]等；二是将其内容吸收为法律原则或者将法律的固有原则与其具体价值契合，前者如《公共图书馆法》第3条[④]，后者如将民法的诚信原则与诚信价值相契合；三是将其明定为法律规则，

[①] 参见郑倩：《社会主义核心价值观入法入规的民法路径——以公益性私权时代价值研究而展开》，载《求是学刊》2019年第2期；刘奇英：《社会主义核心价值观入法入规与惩罚性赔偿制度——以自由价值观为分析中心》，载《云南社会科学》2018年第2期；蔡宝刚：《在法律中体现社会主义核心价值观》，载《新华日报》2018年12月4日，第15版；蒋传光：《关于推动社会主义核心价值观入法入规的思考》，载《学习与探索》2017年第8期。

[②]《民法典》第1条规定："为了保护民事主体的合法权益，调整民事关系，维护社会和经济秩序，适应中国特色社会主义发展要求，弘扬社会主义核心价值观，根据宪法，制定本法。"

[③]《英雄烈士保护法》第1条规定："为了加强对英雄烈士的保护，维护社会公共利益，传承和弘扬英雄烈士精神、爱国主义精神，培育和践行社会主义核心价值观，激发实现中华民族伟大复兴中国梦的强大精神力量，根据宪法，制定本法。"

[④]《公共图书馆法》第3条第2款规定："公共图书馆应当坚持社会主义先进文化前进方向，坚持以人民为中心，坚持以社会主义核心价值观为引领，传承发展中华优秀传统文化，继承革命文化，发展社会主义先进文化。"

如《公务员法》第 14 条①、《行政法规制定程序条例》第 12 条②等。这些社会主义核心价值观"入法入规"的理论和实务给我们带来两方面的提示：一是社会主义核心价值观与成文法的立法价值内在契合，可以通过以价值为纽带建立起的桥梁，激活社会主义核心价值观与法律文本之间的逻辑互动，将社会主义核心价值观运用于事实认定和法律适用，推动其高效融入司法审判；二是在研究社会主义核心价值观融入司法审判的过程中，应当注意区分有规范性法律文件吸收和没有规范性法律文件吸收的社会主义核心价值观融入司法审判中的不同，同时也要区分作为立法目的、法律原则、法律规定的社会主义核心价值观的不同使用方式。

（三）关于社会主义核心价值观融入执法的研究

在融入执法方面，学者们从不同视角讨论了在严格执法中培育和践行社会主义核心价值观的具体路径问题，如有学者提出应当综合执法依据、过程和保障等全过程因素，系统地推动社会主义核心价值观具象化为执法内容、程序环节和执法者意识要素；③也有学者主张利用软法范式的学说模型，强化价值主导，调整行政法规效力规则，更新执法理念，扩充执法形式，

---

① 《公务员法》第 14 条规定："公务员应当履行下列义务：……（六）带头践行社会主义核心价值观，坚守法治，遵守纪律，恪守职业道德，模范遵守社会公德、家庭美德……"

② 《行政法规制定程序条例》第 12 条规定："起草行政法规，应当符合本条例第三条、第四条的规定，并符合下列要求：（一）弘扬社会主义核心价值观……"

③ 参见肖峰：《社会主义核心价值观带入严格执法的价值内涵及其实现》，载《新疆师范大学学报（哲学社会科学版）》2019 年第 1 期。

实现价值与规范有机结合的混合治理。①从本质属性来讲，执法与司法都属于法律实施的范畴，二者存在着相似性，因此，社会主义核心价值观融入执法方面的研究成果，可以为我们分析社会主义核心价值观在司法审判中的融入路径和方法时带来启发。

（四）关于社会主义核心价值观融入司法活动的研究

在这一主题下，现阶段的成果多采用社会主义核心价值观的"司法维护""司法弘扬""司法适用""融入司法裁判"等表述，本质上都是在研究如何更有效地融入司法活动的问题。从研究内容上看，集中讨论了四个方面的问题：一是社会主义核心价值观融入司法活动的重要性和可行性；二是对现状的反思及现实困境的分析；三是具体的优化路径和方法；四是对融入限度问题的冷思考。当然，并不是所有的研究成果都明确指出了这四方面的问题，这只是为了厘清本课题研究的研究框架和思考进路而进行的初步归纳。同时，该主题下的研究成果与本课题研究具有较为紧密的联系，因此下文将进一步进行详细梳理。

首先，关于社会主义核心价值观融入司法活动的重要性，现有成果已经取得基本共识：在司法活动中融入社会主义核心价值观，可以弥补法律工具理性的不足，填补法律规则的漏洞，有助于实现形式法治和实质法治的统一，有利于增强司法裁判的公信力和权威性，通过司法的方法融入社会主义核心价值观

---

① 参见张剑平：《社会主义核心价值观融入行政法治的软法范式》，载《求索》2021年第2期。

最为重要。①同时，现有研究普遍认为在司法活动中融入社会主义核心价值观具有可行性，司法可以调和不同利益群体的价值冲突，实现社会主义核心价值观的预设价值目标，②通过司法来引领和承载社会主义核心价值观是行之有效的路径。③

其次，关于社会主义核心价值观融入司法活动的现状反思和困境分析，现有成果多采用实证分析的方法，围绕统计分析中国裁判文书网上的文书来展开研究，指出实践中存在着核心概念和重要意义认识不清晰、融入方式缺乏规则指引、法律适用向一般条款逃逸、说理方式碎片化和简单化、司法实务者动力不足、融入机制不健全等问题，并针对性地提出解决方法。④然而，正是由于受到研究方法和研究进路的限制，导致现有研

---

① 参见河南省高级人民法院课题组：《司法裁判弘扬社会主义核心价值观研究》，人民法院出版社2020年版，第4~19页；刘峥：《论社会主义核心价值观融入裁判文书释法说理的理论基础和完善路径》，载《中国应用法学》2022年第2期；陈金钊：《"社会主义核心价值观融入法治建设"的方法论诠释》，载《当代世界与社会主义》2017年第4期。

② 参见林劲标：《培训社会主义核心价值观司法大有可为》，载《人民法院报》2014年3月8日，第5版。

③ 参见彭中礼、王亮：《司法裁判中社会主义核心价值观的运用研究》，载《时代法学》2019年第4期。

④ 参见陶泽飞：《社会主义核心价值观融入司法的机制构建》，载《法律方法》2021年第2期；刘雷：《论社会主义核心价值观融入司法裁判的路径研究——基于实证分析的整全性考量》，载《法律方法》2021年第2期；李祖军、王娱瑷：《社会主义核心价值观在裁判文书说理中的运用与规制》，载《江西师范大学学报（哲学社会科学版）》2020年第4期；杨彩霞、张立波：《社会主义核心价值观融入刑事裁判文书的适用研究——基于2014—2019年刑事裁判文书的实证分析》，载《法律适用》2020年第16期；周尚君、邵珠同：《核心价值观的司法适用实证研究——以276份民事裁判文书为分析样本》，载《浙江社会科学》2019年第3期；廖永安、王聪：《路径与目标：社会主义核心价值观如何融入司法——基于352份裁判文书的实证分析》，载《新疆师范大学学报（哲学社会科学版）》2019年第1期。

究成果对现状的反思和困境的分析局限于静态的裁判文书，而较少关注司法审判这一动态活动的全过程。即便是在"司法适用"这类看起来研究动态过程的表述之下，研究出发点和落脚点仍然集中在静态的裁判文书。① 而司法审判恰恰是司法活动中最核心、最主要的内容，也是本课题的核心研究对象，仍需要在借鉴吸收现有研究经验及成果的基础上，针对性地展开现状反思。

再次，关于社会主义核心价值观融入司法活动的优化路径问题，现有研究虽然在反思现状时局限于静态的裁判文书，但是在寻找解决问题的方式方法时"以点带面"，研究视角和考察对象扩展到广泛的司法活动中。学者们提出，应当制定和完善融入了社会主义核心价值观的司法解释，② 在司法适用时坚持规则的优先性，③ 加强裁判文书释法说理，④ 结合价值判断弘扬社会

---

① 参见于洋：《论社会主义核心价值观的司法适用》，载《法学》2019年第5期。

② 参见于洋：《论社会主义核心价值观的司法适用》，载《法学》2019年第5期。

③ 参见祖鹏、李冬冬：《社会主义核心价值观融入司法裁判的机制研究》，载《法律适用》2021年第2期；江秋伟：《价值的司法适用及方法——以法院适用社会主义核心价值观的案例为对象》，载《西安交通大学学报（社会科学版）》2019年第3期。

④ 参见康建茂：《在司法裁判中弘扬社会主义核心价值观的几点思考》，载《人民法院报》2019年8月8日，第5版。

主义核心价值观,① 还应当完善案例指导制度、② 激励制度③ 等配套制度。以上研究虽然不是专门针对司法审判活动,但是对我们进一步研究在事实认定、法律适用这两个最核心的司法审判活动中融入社会主义核心价值观具有直接的启发意义。

最后,关于社会主义核心价值观融入司法活动的限度问题。关于这一方面,大多数研究成果是在研究积极融入的路径时,偶然性地提到需要在案件类型④ 或者适用程序⑤ 上进行一定的限制。有学者虽然明确提出社会主义核心价值观在融入司法审判的过程中需要谨慎和节制,也意识到这是一个"难题",但并没有对如何解决这一"难题"提出解决路径。⑥ 只有个别学者初步讨论了应当区分社会主义核心价值观的隐性抽象维护和显性具象维护,尊重司法被动、有限的供给能力,分别采取积极的立场和谦抑的态度。⑦ 总体来说,就课题组检索到的文献资料来看,现有文献的研究重心基本放在如何积极融入的问题上,尚没有

---

① 参见李成斌:《论社会主义核心价值观对民事司法的影响》,载《法律适用》2018年第19期。

② 参见孙光宁:《裁判文书援引指导性案例的效果及其完善——以弘扬社会主义核心价值观为目标》,载《苏州大学学报》2022年第1期;刘艳红、刘浩:《社会主义核心价值观对指导性案例形成的作用——侧重以刑事指导性案例为视角》,载《法学家》2020年第1期。

③ 参见王利明:《裁判说理论——以民事法为视角》,人民法院出版社2021年版,第348~351页;刘文娟:《社会主义核心价值观融入裁判文书释法说理之识别程序构建》,载《山东法官培训学院院报》2022年第1期。

④ 参见于洋:《论社会主义核心价值观的司法适用》,载《法学》2019年第5期。

⑤ 参见支艳:《司法裁判弘扬社会主义核心价值观的机制探讨》,载《人民法院报》2020年2月28日,第7版。

⑥ 参见曹刚:《公民道德建设的法治保障》,载《道德与文明》2020年第1期。

⑦ 参见李海峰:《核心价值观的司法维护研究》,南京师范大学2020年博士学位论文。

对融入的"度"开展专门性、系统性研究，为本课题研究的深入进行留下了空间。

综合上述关于国内研究状况的梳理，我们发现在社会主义核心价值观融入司法这一主题下，鲜有针对司法审判这一动态活动的全过程展开的专门性、系统性研究，现有研究对一些问题的讨论仍然有待进一步深入分析和解决。第一，法学界关于社会主义核心价值观基本内涵的阐释基本遵循了政治学概念，以至于主张社会主义核心价值观融贯适用和分层适用的学者互相无法说服，学者们虽然已经注意到实践中对社会主义核心价值观内涵的理解存在差异，但未能有效地结合法学自身的话语体系进行深入诠释，有些基本理论问题亟待进一步澄清。第二，现在研究较多采用概念分析法、规范分析法和实证分析法，对裁判文书这一司法审判的静态结果进行研究，缺乏对司法审判动态过程的关注。采用结构功能分析法，从司法审判的不同环节出发，针对不同环节融入社会主义核心价值观的不同特点进行深入研究，才能系统地提出社会主义核心价值观融入司法审判的完善路径，更好地对社会主义核心价值观融入司法审判进行全方位的研究和服务于司法实践。第三，现有研究总体上对社会主义核心价值观融入司法审判的实践样本的分析和评价尚显不足，提出的完善措施和路径可以进一步完善。虽然社会主义核心价值观在塑造民族精神、强化社会诚信体系以及规范社会秩序等方面发挥着全面而广泛的引领作用，但是司法审判只是国家治理体系和治理能力中的一个环节，并且具有自身的发展特性和运行规律，因此社会主义核心价值观在融入司法审判的过程中，应当遵循其特有的逻辑要求，保持一定的克制，维持恰当的度。而现有研究明显忽视了对这一问题的探讨。

总之，国内诸多视角、各种类型的研究取得了丰硕的成果，都对本课题研究具有重要的借鉴意义，为本课题研究的思考方向和研究进路带来明确的启发，给本课题研究提供了坚实的"巨人的肩膀"，同时也留下了进一步研究的空间。因此，本课题研究致力于对司法审判中融入社会主义核心价值观进行专门性、系统性考察，借鉴现有研究成果的优秀经验，对尚未厘清的理论和实践问题深入挖掘，以期能够为人民法院更加高效地倡导和弘扬社会主义核心价值观给予有益的理论支持。

六、创新之处

通过对前人研究成果的初步梳理，相较而言，本课题研究有以下创新：

一是研究样本的创新。当前研究社会主义核心价值观在司法中培育和弘扬的实证研究，都是从援用社会主义核心价值观的裁判案例出发，但最高人民法院发布的典型案例将在裁判中体现社会主义核心价值观的，但未明确援引的案例同样视为融入社会主义核心价值观的案例。鉴于此，本文以最高人民法院和各高级人民法院公布的典型案例为研究起点，兼顾考察中国裁判文书网上援用社会主义核心价值观的普通案例，更全面地展现人民法院在司法审判中融入社会主义核心价值观的基本逻辑。

二是研究方法上的创新。本课题研究除了采用较为常见的概念分析法、实证分析法外，特别采取了结构功能分析法，从司法审判活动的全过程出发，对案件受理后繁简的甄别、事实的认定、法律的适用、裁判的说理等核心环节进行解构，依次考察、诠释社会主义核心价值观融入司法审判对人民法院司法功能发挥的激活和促进作用，系统性地阐述社会主义核心价值观融入司法审判的路径和方法。

三是研究视角的创新性。从概念法学视角，厘清法官援用社会主义核心价值观与法律原则的区分。从法解释学的视角，建构法官融入社会主义核心价值观的说理模式。从功能主义视角，规范法官融入社会主义核心价值观的自由裁量权，避免法官借用社会主义核心价值观逃避说理，出现"规则逃逸"的现象。

四是观点的创新。一方面，关于社会主义核心价值观的内涵，本课题研究主张应当突破政治学概念的藩篱，深入剖析其内部构成要素，区分具体价值和价值的作用范围。另一方面，本课题研究有针对性地提出社会主义核心价值观融入司法审判的一般规则、具体规则、常见案件类型的适用方法、配套机制建设等，回应了当前社会主义核心价值观融入司法审判的突出问题，为继续完善和发展二者衔接提供了系统化路径，同时也为审理案件的一线法官提供可参考的解决方案。

总而言之，本课题研究试图以最高人民法院和各高级人民法院发布的典型案例为重点样本，兼顾考察中国裁判文书网公布的相关典型案例，通过结构功能分析等方法，从司法审判活动的动态过程出发，系统归纳分析社会主义核心价值观融入司法审判的基本样态、存在问题和优化路径。

第一章

社会主义核心价值观融入司法审判的历史脉络

"以史为镜，可以知兴替。"梳理社会主义核心价值观融入司法审判的历史脉络，可以帮助我们准确把握这一命题从哪里来，进而厘清到何处去的问题；分析前人已经积累的实践经验，才能对适用之完善提出切实可行的建议。因此，此部分将从社会主义核心价值观概念的厘定，以及其融入司法审判的演进历程两个方面进行分析与梳理，希望通过努力为社会主义核心价值观融入司法审判完善建议的提出提供认识论的基础。

第一节 社会主义核心价值观概念的厘定

一、价值与价值观

历史地看，"价值"一词的使用直接得益于经济学。马克思通过区分使用价值和交换价值，指出价值是人类在生产客观物的过程中耗费的人类劳动，[①]带有浓厚的功利性和支配性。他同时指出，更为普遍的"价值"概念正是产生于客观物与人们之间满足与被满足的关系当中。这也是哲学层面对价值概念核心内涵的基本共识，其在哲学领域用来指代客观世界相对于人这个主体需求满足的关系，即具有特定属性的客体对于主体需求的意义。哲学层面对价值内涵的理解与经济学不同的是，哲学不在一般经验的层面探讨特定事物和现象的价值，而是在超验的形而上学层面讨论客体是否满足主体的需要，而经济学更加强调特定实物的效用，倾向于将价值作为客观事物的固有属

---

① ［德］马克思：《资本论》（第1卷），中共中央马克思恩格斯列宁斯大林著作编译局译，人民出版社1975年版，第47~51页。

性。伦理学的研究场域也较多地涉及价值的概念，不过这一层面的价值基本用来指代主体对现象或者事物的主观评价，与"好""善""正当"基本相当，不涉及主体、客体间的满足与被满足关系，也不涉及客观事物的本质属性，与道德评价相似度很高。

相对来讲，法学领域的学者们对抽象价值概念的关注比较少，更多的是讨论法律对人们的有用性或者效用性，以及自由、平等、公正等具体价值与法的运行的互动关系。因为从应然状态来讲，法律应当是最大多数人对最普遍价值共识的结晶，立法是价值融合于规范的桥梁，执法、司法是规范调整社会关系的具体形式，法的运行成为共识价值实现的载体。因此，比较来讲，本书认为法学意义的价值概念更接近哲学层面对价值内涵的理解，即偏向于将价值解释为主体与客体之间的效用性满足关系。

而价值观则是人作为主体对于价值表达出来的基本观点，是在价值选择、评价的基础上展现出来的个人相对稳定的对客观事物和现象的效用的认识准则和思维方式，实质上是主体对客观世界模式化的主观意识，是主体的"观念"。这一主观意识集中反映于主体对客体价值相对固化的评价和选择倾向，进而形成主体习惯性、倾向性的行为方式，产生物质—价值—价值观—行为之间的互动。也就是说，价值观是主体对客观世界之价值的相对稳定的经验性二次评价，这一评价又会反过来对主体行为产生相对稳定的、自认为正确的引导作用。价值观可以引导甚至决定人们的行为，这与司法审判通过调整人们行为来调整社会关系的机制不谋而合，社会主义核心价值观可以融入司法审判的根源也就在于此。

二、社会主义核心价值观的内部构成要素

从上文的分析可以看出,价值观具有鲜明的主体性、历史性和相对稳定性。不同国家具有不同的价值观,即使同一国家在不同的历史阶段也会具有不同的价值观,同一国家同一历史阶段的不同主体同样存在多元的价值观。而社会主义核心价值观之核心,无疑应当包括两个层面的意义。一是主体之核心,即限定价值观的主体性,是核心主体的价值观。在国家概念出现之后,这一核心主体应当别无他选,能且只能是国家。在我国,这里的国家既是意识形态上的中国,也是主权意义上的中华人民共和国。而国家的主体是人民,因此,社会主义核心价值观具有高度的人民性。必须指出的是,社会主义核心价值观的主体为国家,但并不是指该主体为国家的执政党、政治领袖、社会精英抑或其他,而是为构成国家主体的、最广大的人民。虽然我们国家的社会主义核心价值观是在中国共产党的会议中首次提出的,但是中国共产党代表人民的利益,其提出的社会主义核心价值观是对最广大人民的价值共识的归纳和反映,其只是社会主义核心价值观筛选、表达的程序主体,而不是社会主义核心价值观的归属主体。二是内容之核心,即限定价值观的多元性,是一个国家和社会特定历史阶段的价值体系中居于核心地位的价值观。每个个体、每个行业、每个群体或者利益集团都会有自己的价值观,归属于国家的核心价值观只能是这些价值体系中凝结着最广大人民价值共识、居于主导地位、反映主要矛盾的价值观。在当今中国,社会主义核心价值观就是当下最广泛的社会共识,是价值体系中最关键、最精华的内容。

所谓社会主义核心价值观,毋庸置疑,就是中国特色社会主义的核心价值观,不是所有社会主义国家的核心价值观。也正是由于其自身具有的主体性和历史性,使其表现出高度的非

规范性。显然，社会主义核心价值观不具有法律规范所要求的假定条件、行为模式、法律后果这样的构成要素，这就决定了即便已经写入法律的社会主义核心价值观，仍然无法直接成为裁判规范，那么如何在司法审判中发挥社会主义核心价值观的行为引导和价值选择约束作用？我们需要从社会主义核心价值观的内部构造中寻找答案。

在学界，基于对中央文件精神的学术遵循，对于社会主义核心价值观内部构造的讨论，多是从国家、社会和个人三个层面进行的。① 比如，有学者认为社会主义核心价值观在国家、社会和个人三个层面存在不可逾越的分野，国家层面的社会主义核心价值观难以用来规范和约束个人的行为。② 然而，这样的观点多多少少与人们的日常生活经验不相符。以国家层面的价值为例，虽然富强、民主、文明、和谐是我们国家的目标追求，但是显然这些目标追求也可以发挥规范和约束个人行为的作用，禁止随地吐痰就是文明价值对个人行为发挥规范作用的典型例证。也有学者认为社会主义核心价值观内部是以自由、平等、公正等具体价值为构成单位的，这些具体价值只有在整体意义上才构成价值观的观念性选择标准，不能在具体价值层面将其作为价值观来理解。③ 这样的观点已经认识到具体价值只是客体对主体效用性关系的表现，只有上升为主体的价值观，才能对人们的行为发挥引导和规范作用。但是这样的观点只看到了社会主义核心价值观作为整体的意义，却忽视了内部十二组具

---

① 参见陈金钊：《对法治作为社会主义核心价值观的诠释》，载《法律科学》2015年第1期。

② 参见彭中礼、王亮：《司法裁判中社会主义核心价值观的运用研究》，载《时代法学》2019年第4期。

③ 参见易刚、林伯海：《共同价值与社会主义核心价值观的关系探究》，载《思想理论研究》2016年第7期。

体价值的特有作用。我们可以看到，当把具体价值如诚信放到具体的个人道德层面去理解时，它就上升为诚信观，即强调个人言而有信、善始善终的行为模式。总之，这些观点都是对社会主义核心价值观深刻内涵的有益探索，都具有合理性也存在不足。

因此，本书提倡，在将社会主义核心价值观划分为国家、社会、个人三个层面的基础上，还应当从具体价值和价值作用范围两个层面去解构①，二者深度融合，才能实现社会主义核心价值观引导、规范行为的作用。也就是说，社会主义核心价值观具有两个基本的构成要素：一是具体价值，指十二组具体价值；二是价值作用范围，指十二组具体价值的作用发挥范围和向度。整体来看，社会主义核心价值观的作用范围不外乎三方面：反映国家层面的意识形态、彰显社会层面的共同追求、体现个人层面的道德准则。具体来讲，把具体价值与价值作用范围融合，就形成深度反映国家意识形态的价值观、着重彰显社会共同追求的价值观和重点体现个人道德准则的价值观。也就是说，具体价值在三个向度上的作用范围，即作用发挥的范围只是侧重点不同，并不存在不可逾越的鸿沟。例如，自由价值观着重彰显社会层面的共同追求，但其并不只有这一个价值作用范围，在国家层面它也要求国家采取实际措施保障公民行动自由，在个人层面它同样要求每个个体要尊重和维护他人的自由不受侵犯。需要说明的是，虽然十二组具体价值的价值作用范围并不存在绝对的分野，但十二组价值相互之间却是不可替代的，有时在特定语境中还会出现冲突，这也是社会主义核心价值观内部张力的体现。同时，社会主义核心价值观之核心，只是代表了其关键性或者重要性，并不代表至上性、唯一性，

---

① 类似于概念具有核心内涵和涵摄范畴。

它与多元社会主体的多元价值观是共存的，不具有排他性。例如，信息时代的安全观早已成为社会大众普遍的共识，甚至已经上升到总体国家安全观的战略高度，当"非核心"的安全观与"核心"的自由观产生冲突时，就会产生社会主义核心价值观的外部冲突。不论是内部张力还是外部冲突，最后的"泄压阀"之重担都落在司法审判的肩膀上，这就是社会主义核心价值观应当融入司法审判的根源之所在。

三、社会主义核心价值观具体价值的内涵

社会主义核心价值观是凝聚社会共识的"最大公约数"，富强、民主、文明、和谐是国家层面的价值要求，自由、平等、公正、法治是社会层面的价值要求，爱国、敬业、诚信、友善是公民层面的价值要求，这个概括，实际上回答了我们要建设什么样的国家、建设什么样的社会、培育什么样的公民的重大问题。三个层面的价值要求紧密关联，逻辑层次清晰，相互支撑。

国家层面"富强、民主、文明、和谐"价值目标是中国特色社会主义想要实现的目标，既是我们国家发展前进的方向和动力，同时也是社会层面"自由、平等、公正、法治"的基础和公民个人层面"爱国、敬业、诚信、友善"的物质和精神保证；社会层面的"自由、平等、公正、法治"是代表着最广大人民群众根本利益的社会主义社会的价值取向，它为国家层面价值实现提供了强有力的理念支撑和明确清晰的实现途径，但它自身的实现也脱离不了国家的顶层设计，也离不开拥有良好品德的公民对建设中国特色社会主义事业的监督、守护；个人层面的"爱国、敬业、诚信、友善"是每个中国公民践行社会主义事业的价值准则，价值准则的正确践行，既需要在国家层面开展的思想道德宣传教育，也需要在社会层面形成体系的制度约束，营造良好的社会风尚。同时，社会主义核心价值观作

为一个有层次的统一体,对社会主义社会中各种价值观起着主导和支配作用,能保证多样化的社会价值观朝着既定方向发展,不迷失方向。

(一)国家层面

1. 富强

国家富强,是治国安邦的经济保障。中华人民共和国成立后的第一部宪法性文件《中国人民政治协商会议共同纲领》第1条即规定,"中华人民共和国……为中国的独立、民主、和平、统一和富强而奋斗",新成立的人民民主国家将实现国家富强作为重要政治任务之一。中华人民共和国成立后的几个宪法文本(除了"五四宪法")都直接提到了富强问题,此外还有很多经济制度与政策条款,作为国家总章程的重要组成部分。"五四宪法"条文总数共106条,其中经济类条款12条;"七五宪法"条文总数30条,其中经济类条款6条;"七八宪法"条文总数60条,其中经济类条款7条;"八二宪法"条文总数138条,其中经济类条款13条。"八二宪法"自颁布实施以来已历经5次修改,先后通过了57条修正案,其中17条涉及经济制度或政策。

现行《宪法》确立的"坚持公有制为主体、多种所有制经济共同发展"的基本经济制度是被实践证明了的一项充满生机和活力的经济制度。当前,我们国家打赢了脱贫攻坚人民战争,在后小康时代向第二个百年奋斗目标迈进的新征程上,坚持按劳分配为主体,多种分配方式并存的基本分配制度能保证广大人民群众共享改革发展的成果,鼓励劳动,鼓励创造,与此同时,不断增加基础性、兜底性的民生保障建设,凝心聚力向着实现共同富裕的目标稳步前进。

法律上平等保护各类主体使用生产要素,公平参与市场竞争,维护良好的市场秩序,激发全社会创造财富的主动性和积极性;依法保障公平劳动环境,维护劳动者公平就业权利;依法整治涉老涉未乱象,加强老年人和未成年人权益保护等,司法能够为国家的强盛和发展发挥重要的作用。

2. 民主

民主的实质是多数人的统治,中国特色社会主义民主既是一个价值目标,也是一种政治实践,是坚持马克思主义基本原理与我国具体政治实践相结合,传承并弘扬中华优秀传统政治文化,吸收、借鉴全人类各个文明中的政治文明的有益成果而形成的一整套中国特色社会主义民主制度。习近平总书记指出:"在中国社会主义制度下,有事好商量,众人的事情由众人商量,找到全社会意愿和要求的最大公约数,是人民民主的真谛。"①

《共同纲领》与其后的四部《宪法》皆明确规定"中华人民共和国的一切权力属于人民",宣示了人民主权原则。现行《宪法》构建了比较完备的人民民主规范体系,确定人民主权原则及人民民主专政国体,形成了包括人民代表大会制度、多党合作政治协商制度、民族区域自治制度和基层群众自治制度等在内的符合中国国情的民主制度。

党的十八大以来,我们深化对民主政治发展规律的认识,在国家政治建设制度化、程序化、规范化等方面取得了更多的突出成就,提出了全过程人民民主的重大理念。全过程人民民主适应国家和社会治理的不同场景,民主的作用领域不再限于政治领域事务,社会主义民主兼含政治民主、经济民主和社会民主。司法审判是社会管理的重要力量,必须积极回应广大群

---

① 《习近平总书记系列重要讲话读本》,学习出版社2016年版,第192页。

众民主要求，保障人民群众充分实现选举权，以及公共事务、经济事务参与权等各项民主权利，弘扬民主精神。

3. 文明

文明，是指被大多数人接受和认可的人文精神和举止，是人类天生的精神追求。秩序、安全与协作，在人们不断通过学习对自身行为进行理性调整和修正而促进人类自身发展和社会进步中成为文明的特质。

中国特色社会主义文明坚持以人为本的核心理念，"八二宪法"将"社会主义精神文明的建设"纳入其中，是对此前《宪法》文本的一项令人瞩目的修改，仅有社会主义的物质文明、政治文明，不能凸显社会主义特征和优越性。第24条规定"国家提倡爱祖国、爱人民、爱劳动、爱科学、爱社会主义的公德，在人民中进行爱国主义、集体主义和国际主义、共产主义的教育，进行辩证唯物主义和历史唯物主义的教育，反对资本主义的、封建主义的和其他的腐朽思想"，对社会主义精神文明的建设明确了内容。2018年《宪法修正案》旗帜鲜明地提出"国家倡导社会主义核心价值观"，确立了核心价值层面的主航向。

维护社会管理秩序，营造全社会向好、向善的积极氛围是司法贯彻社会主义核心价值文明观的目标追求。在最高人民法院公布的"北燕云依"诉某派出所拒绝办理户口登记案中，人民法院认为公民仅凭个人意愿喜好，随意选取姓氏甚至自创姓氏，会造成对文化传统和伦理观念的冲击，既违背社会善良风俗和一般道德要求，也不利于维护社会秩序和实现社会的良性管控。①

---

① 参见北雁云依与济南市公安局历下区分局燕山派出所户口行政登记行政纠纷案，济南市历下区人民法院(2010)历行初字第4号行政判决书。

4. 和谐

和谐是一种调和统一的状态。集中体现了多元互动充满活力、团结友爱安定有序、人与自然顺应的生动局面。天人合一、协和万邦、和而不同，和谐蕴含了中国人的生存智慧，刻画了中国人的社会理想。有序的自然环境、有序的社会情境能让人们节约自身有限的智力资源，为人类与社会发展奠定了稳定的基石。

构建社会主义和谐社会，要求按照社会主义生产关系基本要求，通过调和改良的手段，把人们经济关系中冲突对立的一面引导到和谐合作的一面，实现人与人之间和谐相处，人与自然之间从竞争冲突向和谐合作、和谐共生的方向发展。立法为社会主义和谐创造了法治基础，在党中央领导下，我国以经济建设为中心，构建、配置了和谐的利益关系与格局。《公司法》《外资企业法》《合伙企业法》等系列法律规范市场主体的组织和行为，《拍卖法》《票据法》等系列法律建立市场体系和交易规则，《预算法》《价格法》等系列法律规范市场经济的宏观调控，《环境保护法》《森林法》等法律明确保护生态环境。同时宪法、行政法、民商法、经济法、刑法等法律部门在不同层面、不同角度共同调整市场经济关系、促进社会和谐。

2018年《宪法修正案》在序言第7自然段，加入"贯彻新发展理念"，将"社会文明、生态文明"写入《宪法》。司法服务和保障生态环境是国家环境治理体系的重要环节，构建具有中国特色和国际影响力的环境资源审判体系，对于保障和促进绿色发展发挥着不可或缺的作用。

（二）社会层面

1. 自由

自由，是指个人在不违背法律规定、不违背社会公德、不损害他人合法权益的前提下,自主选择、自主支配、自由活动、自我发展。自由是人们奋进的动力和目标,实现自由的过程是发挥主观能动性,智力体力得到全面发挥,创造力得到实现的过程。

人的自由全面发展一直是中国人民长期以来的最高理想和追求,也是执政党长期的目标和历史职责。《宪法》作为国家的根本大法肩负起法律确认自由并保障自由的重任,《宪法》明确规定一系列公民政治方面的权利和自由。《宪法》第35条明确规定"中华人民共和国公民有言论、出版、集会、结社、游行、示威的自由"。第36条明确规定"公民有宗教信仰自由",第37条明确规定"人身自由不受侵犯",第47条明确规定"中华人民共和国公民有进行科学研究、文学艺术创作和其他文化活动的自由"。我国已经形成包括刑法、民法、婚姻法、诉讼法、劳动法等部门法在内的整个法律体系,以实现对自由的保障。

1950年5月1日施行的《婚姻法》(已废止)是中华人民共和国成立后制定的第一部法律,第1条开宗明义,坚决废除包办强迫、男尊妇卑、漠视子女利益的封建主义婚姻家庭制度,实行男女婚姻自由。婚姻自由是我国婚姻制度的基本制度。

尊重和保障公民自由,需要维护宪法和法律的尊严和权威。现代社会,隐私权保障从最初的秘密信息、个人生活安宁层面,拓展到个人尊严及个人自主性层面。法律将隐私权作为一项独立人格权赋予优先保护地位,厘清了个人行使权利的边界。司法裁判认定,如果当事人邻居安装的具有摄录、存储信息功能的门铃因其性能、安装位置对当事人个人隐私确实构成现实威胁的,当事人可以私人生活安宁受到侵犯为由提起诉讼,[①] 即对公民隐私权的有力保障。

2. 平等

平等,是指每个公民处于同等的地位,享有平等参与、平等发展的权利。平等也是促进社会进步、促进人的自由全面发展的重要因素。

在西方,2000多年前古希腊哲学家就主张法律面前人人平等,近代主张以社会契约构建新的社会平等制度。我国儒家提出"天下大同"的社会理想和法家"刑无等级"制度,都蕴含了"法律面前人人平等"的思想。我国是多民族国家,"五四宪法"规定"各民族一律平等""公民在法律面前一律平等"就体现了对社会平等的价值追求。

平等价值追求还包括以下几个方面:一是性别平等,当代中国,男女平等已经成为社会和家庭处理男女关系最重要的法律原则;二是经济平等,我国优化收入分配制度,同工同酬,推进劳动者在经济收入上的平等,实现共同富裕;三是公共福利保障平等,建立健全社会保障制度,确保公民在教育、医疗、住房、养老社会领域享有平等权利。

司法通过处罚侵害公民平等权的行为来保障平等权利的实现。在遭遇就业地域歧视请求赔偿精神抚慰金的平等就业权纠纷案中,法院认定:劳动者享有平等就业和选择职业等权利,劳动者就业,不因民族、种族、性别、宗教信仰不同而受歧视,妇女享有与男子平等的就业权利;在录用职工时,除国家规定的不适合妇女的工种或者岗位外,不得以性别为由拒绝录用妇

[①] 参见黄某诉邵某隐私权纠纷案,上海市青浦区人民法院(2020)沪0118民初15600号民事判决书。

女或者提高对妇女的录用标准。[①] 司法裁判对遭受侵害的劳动者给予及时和充分救济，维护了社会公平正义。

3. 公正

公正，是指公平和正义，是依据合理的尺度来分配权利和义务、权力和自由、财富和机会等社会资源，是促进社会进步、人的自由全面发展的重要因素。

柏拉图在《理想国》中认为，正义的总的原则为每个人都干他自己分内的事情，而不干涉别人分内的事。正义的内涵和外延十分复杂，包括政治正义、道德正义、习惯正义、法律正义等各个方面。在政治的角度，公平正义是人类调整社会秩序和人与人之间关系的价值理念和行为准则。只有遵循公正原则，才能有效整合各种社会的资源和力量，使社会成员普遍受益而具有获得感，从而实现全社会的团结与合作。各种制度设计和制度安排，也只有遵循公平正义原则，才能取得社会各个阶层的共识，获得最广泛的社会支持，进而使得制度得以顺利地实施。

法的正义只是正义的一部分。法律规范意义上的正义通过权利、义务的分配实现，是一定正义观念的法律化，需要转化为社会现实。这就要求司法需要紧紧围绕"努力让人民群众在每一个司法案件中感受到公平正义"的目标，公正处理每一个司法案件，需要考虑每一个不同案件的情况，实现当事人和社会公众一致认可，实现法律效果和社会效果的有机统一。

在典型案例马某诉佘某某、李某侵权责任纠纷案中，法院认定：马某等人就餐后未买单，也未告知餐馆经营人用餐费用怎么处理即离开饭店，属于吃"霸王餐"的不诚信行为，经营

[①] 参见邓某某诉某速递公司、某劳务公司一般人格权纠纷案，北京市顺义区人民法院 (2015) 顺民初字第 03616 号民事判决书。

者李某要求马某等人付款的行为并无不当。佘某某、李某在发现马某等人逃跑后阻拦其离开,并让马某买单或者告知付款人的联系方式,属于正当的自助行为,不存在过错。马某在逃跑过程中因自身原因摔伤,与李某、佘某某恰当合理的自助行为之间并无直接因果关系,李某、佘某某不应对马某摔伤造成的损失承担赔偿责任。①法院不支持"我伤我有理""我闹我有理",对吃"霸王餐"者无理的索赔请求不予支持,发挥了司法裁判匡扶正义的作用。

4.法治

法治是治国理政的基本方式,本意是法律至上,任何个人和机构都不能凌驾于法律之上。法治为人的自由全面发展提供法律保障,也是社会走向现代文明的基本标志。

历史上,西方古希腊哲学家亚里士多德首次提出法治思想,认为"法治"包含已成立的法律获得普遍的服从,而大家所服从的法律又应该本身是制定良好的法律。古罗马在此思想上进一步探讨法律被人们普遍服从的依据,开创了许多为后世所继承的原则和制度。如契约自由、不告不理原则、物权制度等。近代英国思想家洛克提出政府必须坚持法治原则。在我国,春秋战国时期法家主张"以法治国,援法而治",法一旦生效,"官不私亲,法不遗爱",要"明法区私,布之于众""法不阿贵,刑无等级",任何人犯法都要受到应有的惩罚。汉代以来近2000年,"儒表法里""德主刑辅"成为中国稳定的政治框架。中华人民共和国成立70余年来,依法治国的理念不断深入人心。

司法裁判必须秉持"以事实为根据,以法律为准绳"原则,依法审理案件,解决纠纷。于某故意伤害案因"护母杀人"而

---

① 《最高人民法院公布10起弘扬社会主义核心价值观典型案例》,载最高人民法院官网,https://www.court.gov.cn/zixun-xiangqing-17612.html,最后访问时间:2022年11月21日。

备受关注,案件的审理一方面需要在全面还原案件起因、经过等事实的基础上,对于某行为进行认定。另一方面,需要准确把握正当防卫的规定,正确处理法、理、情的关系。二审判决在依法、严格、细致审查证据裁判的同时围绕防卫性质认定、正当防卫界限把握等问题进行了严密的法理论证,并从道德、伦理角度对于某是否可以从轻处罚进行了深入浅出的分析。[①] 该案弘扬了社会主义核心价值观和法治精神,还用群众听得懂的语言开展了一堂全民共享的法治公开课,是新时代具有重要法治影响力的司法案件。

(三)个人层面

1. 爱国

爱国,是指个人或群体对祖国依赖、热爱、拥护和支持的态度。爱国是建立在理性基础之上的感性认同,表现为个人生活方式中的一系列选择,要求维护祖国的独立、完整与统一,维护祖国各族人民的安定团结,为祖国的繁荣昌盛奋发进取。国家为个人发展提供文化、生活保障以及安全环境,个人为国家发展与强大提供支持与力量。

爱国主义是中华民族精神的核心,在各历史时期,都出现了许多维护国家统一、促进民族融合、反对分裂、抵御外部侵略的爱国英雄。西汉苏武持节北海牧羊十九载、宋朝岳飞抵御外族卫疆土、邓世昌以身殉国沉黄海等。热爱祖国,需要加强爱国主义教育,特别是国情国史教育,了解学习我们先辈们创造的文化,铭记革命先烈事迹;热爱祖国要坚定不移地维护祖国统一,坚决反对分裂,维护国歌、国旗和国徽等国家重要

---

① 参见于某故意伤害案,山东省高级人民法院(2017)鲁刑终151号刑事附带民事判决书。

象征和标志；热爱祖国既需要通过经济全球化不断增强综合国力，又要对西方科技霸权、金融霸权、文化霸权保持高度警惕，坚决维护国家利益，捍卫国家安全；热爱祖国也要懂得尊重他国文化、体制和价值观，合理有序地表达爱国热情、实施爱国行为。

司法弘扬爱国精神，妥善审理涉及国家主权、利益和民族感情的案件，不断增强各族群众对伟大祖国的认同、对中华民族的认同、对中华文化的认同、对中国特色社会主义道路的认同，促进国家强盛、民族复兴、文化振兴。在杭州市西湖区人民检察院诉瞿某某侵害烈士名誉权公益诉讼案中，法院认为英雄烈士董存瑞在"解放战争"中舍身炸碉堡，用鲜血和生命谱写了惊天动地的壮歌，体现了崇高的革命气节和伟大的爱国精神，是社会主义核心价值观的重要体现。任何人都不得歪曲、丑化、亵渎、否定英雄烈士的事迹和精神。法院认定被告通过网络平台销售对英雄烈士形象进行亵渎的贴画，该行为已对英雄烈士名誉造成贬损，且主观上明知，构成对董存瑞名誉权的侵害，依法判决行为人停止侵权并在国家级媒体上公开赔礼道歉、消除影响。[①]该案为全国首次通过互联网审理的涉英烈保护民事公益诉讼案件，对于旗帜鲜明维护英雄烈士光辉形象，维护中华民族的共同历史记忆和弘扬社会主义核心价值观具有重要的示范引导作用。

2. 敬业

敬业，是指从业者对所从事职业的积极态度和专注认真、乐此不疲的精神状态。职业活动是人类生存、发展的现实基础和根本前提，培育和弘扬敬业精神是社会进步的需要、民族复

---

① 参见董存瑞、黄继光英雄烈士名誉权纠纷公益诉讼案，杭州互联网法院 (2019) 浙 0192 民初 9762 号民事判决书。

兴的需要、国家建设的需要、单位建设的需要，也是个人成长的需要。敬业要求工作中尊重自己的职业和岗位，热爱本职工作，具有强烈的职业责任感、义务感、使命感、专心致志、严肃认真、尽职尽责、精益求精地对待和完成自己的工作。

立法上在《医师法》等职业法律规范以及《安全生产法》《证券法》等行业法律规范中，对于树立敬业精神、恪守职业道德、履行职责等都有明确要求。在我国社会主义伟大事业建设的各个时期，涌现出了像甘作一颗螺丝钉的雷锋、石油铁人王进喜、水稻之父袁隆平……一批又一批忘我奉献的先进模范在各领域作出巨大贡献，激励着我们崇尚英模，学习英模，振奋精神，为实现新时代国家全面振兴贡献力量。为适应社会主义市场经济发展需要，我国陆续颁布制定了以《劳动法》《劳动合同法》为核心的劳动法体系，为维护劳动者权益、建立协调稳定和谐的劳动关系发挥了重要作用。

司法积极保护敬业精神，促进社会物质财富和精神财富的不断增长，让认真负责、爱岗敬业的劳动者劳有所得；让开拓创新、刻苦钻研的劳动者深耕有获；让无私奉献、服务人民的劳动者劳有所享。伊春某旅游酒店有限公司诉张某某劳动争议纠纷案中，人民法院依据企业停薪留职、未达到法定退休年龄的内退人员、下岗待岗人员以及企业经营性停产放长假人员，因与新的用人单位发生争议提起诉讼的，法院应当按照劳动关系处理之规定，认定原告、被告之间形成了事实上的劳动合同关系，维护了劳动者合法权益。[①]

3. 诚信

"诚"为内诚于心，表里如一；"信"为外信于人，真实、

[①] 伊春某旅游酒店有限公司诉张某某劳动争议纠纷案，黑龙江省伊春市带岭区人民法院（2015）带民初字第197号民事判决书。

不虚伪。诚信，是指诚实守信，既是做人做事的道德底线，也是社会运行的基本条件，人们通过诚信的收益增强自己的社会生存能力。

诚实劳动是整个社会诚信思想的坚实基础，人们诚实劳动才能保障国家富饶强大；恪守承诺是诚信思想的价值依据，个体严以律己、诚以待人，才能形成人与人之间的良性互动。

现代社会不仅是物质丰裕的社会，也应是诚信有序的社会；市场经济不仅是法治经济，也应是信用经济。但在市场经济大潮中，也有人无视契约精神，恶意缔约欺诈隐瞒，履约时失约失信；无视诚实劳动，弄虚作假，投机取巧，偷奸耍滑；无视商业信誉，以次充好，造假掺假，罔顾性命。

司法应强化诚信为重的观念，营造守信者荣、失信者耻、无信者忧的良好风尚。在开发商"自我举报"无证卖房毁约案中，法院认定购房人在签订认购合同当日即支付了全额购房款，闻天公司在自身合同目的已经实现的情形下，非但不积极履行应尽的合同义务，面对房地产市场出现价格大幅上涨的情况，反而主张合同无效，违背诚信原则。① 法院结合合同目的、合同履行、商品房预售制度的立法目的等因素，对开发商违背诚信的行为给予否定性评价，依法保护了消费者合法权益，维护了市场交易的稳定性。

4. 友善

友善，是指以友爱、善良之心处理人与人之间的关系而所表现出来的尊重、宽容、礼让、关爱和互助的友好言行。

友善是一个人立身和发展的基础，是建设和谐家园、实现民族梦想的重要精神条件与价值支撑。个人的友善深刻影响着

---

① 参见西安闻天科技实业集团有限公司与李某某确认合同无效案，陕西省西安市中级人民法院（2018）陕 01 民终 8145 号民事判决书。

国家和社会的和谐发展，要引导公民做到互相尊重、互相关心、和睦友好，要提倡与人相交，心怀善意，能容事、容物、容人之不足，对权势不过于攀附，对弱者能平等相待，于人危困时施以援手，于人得意时予以祝福。尊重生命，不仅对人类生命自身关切，在生态环境情况日益严峻的当今，更要尊重自然，善待自然。

总而言之，随着经济社会的不断发展，社会主义核心价值观的内涵也是在历史的发展中被不断认识和深化的，其具有独特的构成要素，即具体价值和价值作用范围。只有细致地解构社会主义核心价值观的具体内涵，才能为社会主义核心价值观融入司法审判厘清分析进路；也只有准确理解社会主义核心价值观在具体案件中的作用发挥范围和向度，才能更好地把握融入司法审判的方式。

第二节　社会主义核心价值观融入司法审判的演进历程

社会主义核心价值观承载了社会主义法治建设的精神内涵，自党的十八大报告提出积极培育社会主义核心价值观以来，社会主义核心价值观融入司法审判工作逐步加深、不断推进。

一、宏观层面

2013年12月23日，中共中央办公厅印发《中共中央办公厅关于培育和践行社会主义核心价值观的意见》，要求"要把社会主义核心价值观贯彻到依法治国、依法执政、依法行政实践中，落实到立法、执法、司法、普法和依法治理各个方面，用法律的权威来增强人们培育和践行社会主义核心价值观的自觉性"。

2014年10月23日,党的十八届四中全会通过的《中共中央关于全面推进依法治国若干重大问题的决定》提出"坚持依法治国和以德治国相结合。国家和社会治理需要法律和道德共同发挥作用。必须坚持一手抓法治、一手抓德治,大力弘扬社会主义核心价值观,弘扬中华传统美德,培育社会公德、职业道德、家庭美德、个人品德。既重视发挥法律的规范作用,又重视发挥道德的教化作用,以法治体现道德理念、强化法律对道德建设的促进作用,以道德滋养法治精神、强化道德对法治文化的支撑作用,实现法律和道德相辅相成、法治和德治相得益彰"。

2016年12月11日,中共中央办公厅、国务院办公厅印发了《关于进一步把社会主义核心价值观融入法治建设的指导意见》,明确了社会主义核心价值观"入法入规"的总体目标要求。要求大力培育和践行社会主义核心价值观,运用法律法规和公共政策向社会传导正确价值取向,把社会主义核心价值观融入法治建设。要求坚持依法治国和以德治国相结合,把社会主义核心价值观融入法治国家、法治政府、法治社会建设全过程,融入科学立法、严格执法、公正司法、全民守法各环节,以法治体现道德理念、强化法律对道德建设的促进作用,推动社会主义核心价值观更加深入人心。

2017年10月24日,党的第十九次全国代表大会通过了《中国共产党章程(修正案)》,将"培育和践行社会主义核心价值观"写入党章。

2018年3月11日,第十三届全国人民代表大会第一次会议通过《宪法修正案》,将"国家提倡爱祖国、爱人民、爱劳动、爱科学、爱社会主义的公德"修改为"国家倡导社会主义核心价值观,提倡爱祖国、爱人民、爱劳动、爱科学、爱社会主义的公德"。社会主义核心价值观由党中央、人民政府主导的公共政策上升为国家意志,转变成正式法律渊源,充分诠释了党和国家对社会主义核心价值观融入法治建设的决心和具体要求,也为社会主义核心价值观融入司法实践活动提供了法源指引。

2018年5月,中共中央办公厅印发《社会主义核心价值观融入法治建设立法修法规划》强调力争经过5~10年时间,推动社会主义核心价值观全面融入中国特色社会主义法律体系。为全面培育、践行社会主义核心价值观,将社会主义核心价值观融入法律法规的立改废释的全过程提供了有效行动指南。

2019年10月,党的十九届四中全会进一步提出完善弘扬社会主义核心价值观的法律政策体系,把社会主义核心价值观要求融入法治建设和社会治理。

2020年5月28日第十三届全国人民代表大会第三次会议通过的《民法典》,其开篇第1条即明确规定:"为了保护民事主体的合法权益,调整民事关系,维护社会和经济秩序,适应中国特色社会主义发展要求,弘扬社会主义核心价值观,根据宪法,制定本法。"以此确定《民法典》各篇立法的总基调。社会主义核心价值观以法理化、具体化、规范化的方式融入具体法律条文中,使社会主义核心价值观转变成为《民法典》的有机组成部分及价值导向。此外,社会主义核心价值观陆续融入了多个部门法中,如《国家安全法》《网络安全法》《未成年人保护法》《教育法》《家庭教育促进法》等,社会主义核心价值观的要求逐步具体化、法律化。

2021年9月27日,中央宣传部、中央政法委、全国人大常委会办公厅、司法部印发《关于建立社会主义核心价值观入法入规协调机制的意见(试行)》,对维护中国特色社会主义法律体系价值导向和内在逻辑的统一,推动社会主义核心价值观成为全体人民的共同价值追求具有重要意义。

综上,从宏观层面来看,社会主义核心价值观融入司法审判,主要是一个从运用教育引导、文化熏陶、行为规范等方式进行宣传教育,促进社会主义核心价值观在被人们认知的基础上,转化为情感认同不断深入的教育养成式的价值引导,到以制度手段强化社会主义核心价值观融入行为规范,使违反社会主义核心价值观的行为受到应有惩罚,使符合社会主义核心价值观的行为受到及时鼓励的进程。

二、微观层面

2015年10月12日,最高人民法院发布《最高人民法院关于在人民法院工作中培育和践行社会主义核心价值观的若干意见》,确定了人民法院培育和践行社会主义核心价值观的指导思想、基本原则和目标任务的总基调。全文由坚持司法为民、尊重保障人权、坚持平等保护、捍卫公平正义、弘扬法治精神、维护公共利益等十一部分组成,其提出裁判文书上网、司法文书将社会主义核心价值观融入释法说理、发布典型案例等培育和践行社会主义核心价值观的方式。为践行《最高人民法院关于在人民法院工作中培育和践行社会主义核心价值观的若干意见》,最高人民法院先后在2016年3月18日、2016年8月22日、2020年5月13日、2022年2月23日、2023年3月1日分5次发布了弘扬社会主义核心价值观的典型案例共49个,还在2016年10月19日发布了4起保护英雄人物合法权益的典型案例。最高人民法院不仅专门发布弘扬社会主义核心价值观的典型案例,自2015年起,还先后发布涉及婚姻家庭纠纷、危害食品、药品安全违法犯罪、合同纠纷、拒不执行生效判决、裁定,拖欠劳动报酬、正当防卫等一系列典型案例,通过采取发布典型案例的方式规范指引地方各级法院司法实践活动,提高社会主义核心价值观在法院系统中适用的规范性和准确性。

《关于进一步把社会主义核心价值观融入法治建设的指导意见》指出，司法部门应及时选择对司法办案有普遍指导意义、对培育和弘扬社会主义核心价值观有示范作用的案例，作为指导性案例发布。司法实践活动考验着社会主义核心价值观是否真正融入法治建设，承担这项工作的主体毫无疑问包括各级人民法院，其践行社会主义核心价值观的主要形式为最高人民法院发布司法解释、司法政策文件，发布弘扬社会主义核心价值观的指导案例、典型案例，各级人民法院在司法审判过程中将社会主义核心价值观以释法说理方式融入裁判文书，上报评选弘扬社会主义核心价值观的典型案例。

最高人民法院在2016年出台《人民法院民事裁判文书制作规范》《民事诉讼文书样式》后，又于2018年印发《关于加强和规范裁判文书释法说理的意见》，为人民法院裁判文书释法说理提供了基本指引。该意见出台以后，融入社会主义核心价值观进行释法说理的裁判文书一度成为新闻热点。2019年，最高人民法院组织开展全国法院首届"百篇优秀裁判文书""百场优秀庭审"评选，至今已连续举办4届，发挥精品裁判文书、精品庭审的引领示范作用，促进裁判尺度统一。不仅如此，各级法院形成了对标优秀、比学赶超良好氛围，省、市、县人民法院纷纷开展"十佳庭审""百优文书"评选活动，社会主义核心价值观融入司法审判成效显著。

2021年，最高人民法院出台《关于深入推进社会主义核心价值观融入裁判文书释法说理的指导意见》（以下简称《社会主义核心价值观融入释法说理的指导意见》），该指导意见对各级人民法院深入推进社会主义核心价值观融入裁判文书释法说理进行了系统全面部署。一是明确了运用社会主义核心价值观释法说理的应当坚持法治与德治相结合、以人民为中心及政治效果、法律效果和社会效果的有机统一的基本原则。二是明确各级人民法院运用社会主义核心价值观释法说理的基本要求，即将社会主义核心价值观作为理解立法目的和法律原则的重要指引，作为检验自由裁量权是否合理行使的重要标准，确保准确认定事实，正确适用法律。特别是对于裁判结果有价值引领导向、行为规范意义的案件，法官应当强化运用社会主义核心价值观释法说理。三是明确运用社会主义核心价值观释法说理的基本方法，即坚持以事实为根据，以法律为准绳。在释法说理时，应当针对争议焦点，根据庭审举证、质证、法庭辩论以及法律调查等情况，结合社会主义核心价值观，重点说明裁判事实认定和法律适用的过程和理由。四是明确六类应强化运用社会主义核心价值观释法说理的重点案件。五是根据审判实践，明确区分不同情形，细化运用社会主义核心价值观释法说理的内容，为法官提供相对明确的实践指引，解决法官"不会用"的问题。六是明确规范运用社会主义核心价值观释法说理的主要方法，包括准确运用文义解释、体系解释、目的解释和历史解释等解释方法和使用易于接受理解的语言，获得更多法律认同、社会认同和情理认同。七是建立案件识别、类案统一、审判监督机制，加强业务培训，建立裁判文书反馈改进机制等配套机制。八是明确各高级人民法院可结合审判实践，制定裁判文书释法说理的实施细则。

第二章

社会主义核心价值观融入
司法审判的典型案例样本分析

第一节　社会主义核心价值观融入司法审判典型案例的总体样态

司法审判在国家治理、社会治理中具有规则引领和价值导向作用，最高人民法院及地方各级人民法院自2016年起陆续发布了一批弘扬社会主义核心价值观的典型案例，这些典型案例不仅彰显了人民法院在司法审判中大力弘扬和践行社会主义核心价值观的鲜明态度和坚定决心，还为社会主义核心价值观融入司法审判提供了实践指导。基于权威性、典型性和规范性的综合考虑，本文选取2014年1月1日至2022年12月31日最高人民法院发布的39个弘扬社会主义核心价值观典型案例和各高级人民法院发布的136个弘扬社会主义核心价值观典型案例进行样本分析。通过类型化分析，立体化呈现社会主义核心价值观融入司法审判的总体样态。

一、典型案例的遴选以民商事案件为主，刑事案件和行政案件数量占比较低

从社会主义核心价值观融入司法审判的案件范围来看，民事案例134件，刑事案例31件，行政案例7件（见表2-1）。

其中，最高人民法院发布民事案例31件，案由涉及人格权纠纷、合同纠纷、侵权责任纠纷、婚姻家庭纠纷等；刑事案例3件，案由涉及伪证罪、诈骗罪、销售假冒注册商标的商品罪；行政案例3件，案由涉及户籍登记、不履行法定职责，颁发学位证书等；执行案例2件，案由涉及医院服务合同纠纷、生命权纠纷等。各高级人民法院发布民事案例103件，刑事案例28件，行政案例4件，司法求助案例1件；虽未涉及执行案例，但总体来讲涉及的案由较最高人民法院发布的典型案例更加广泛（见表2-2）。

在民事典型案例中,人格权纠纷、合同纠纷及婚姻家庭继承纠纷最多,分别为34件、28件和26件。在人格权纠纷中,主要涉及生命权、身体权、健康权纠纷和名誉权纠纷、隐私权纠纷、平等就业权纠纷。相较于一般财产案件,生命权、身体权、健康权案件历来就极为重要,相关案件一旦发生,就极易引起特定区域或更大范围区域社会公众的广泛关注。此外,随着人民日益增长的美好生活需要和不平衡不充分的发展之间的矛盾转化为我国社会的主要矛盾,社会公众越来越重视名誉权、隐私权保护和平等就业权。在婚姻家庭继承纠纷中,主要涉及抚养费纠纷、赡养费纠纷、监护权纠纷、遗赠纠纷。因婚姻家庭、继承纠纷的主体之间关系比较特殊,涉及未成年人、老年人、妇女,诉讼争议又关涉传统道德、社会习俗,裁判结果对家庭和谐、社会稳定具有重大影响。因此,法院在处理婚姻家庭、继承纠纷时,必须慎之又慎,否则极易引起整个社会的道德评价,存在社会道德风险。人民法院在婚姻家庭、继承纠纷案件中援引社会主义核心价值观,有助于化解此类风险,促进家庭和谐与社会稳定。合同案例中主要涉及房屋、医疗、保险、网络、人事等纠纷。房屋作为国人最为在意也最为重要的财产,标的额大,涉及重大财产利益,医疗、保险、人事等涉及社会基本保障,社会关注度较高。法院在审理上述案件中注重运用社会主义核心价值观,将有助于稳妥有效化解相关矛盾纠纷。

表 2-1　弘扬社会主义核心价值观典型案例案由表

案件类型	案由
民事(134件)	人格权纠纷、合同纠纷、婚姻家庭继承纠纷、其他
刑事(31件)	虚假诉讼罪、诈骗罪、侮辱国旗罪等
行政(7件)	行政强制执行、行政协议等

第二章 社会主义核心价值观融入司法审判的典型案例样本分析

表 2-2 社会主义核心价值观融入司法审判案件范围表

发布机关	案件类型	案由
最高人民法院	民事（31件）	人格权纠纷（8件）；合同纠纷（8件）；侵权责任纠纷（4件）；婚姻家庭纠纷（3件）；继承纠纷（2件）；物权保护纠纷（2件）；所有权纠纷（1件）；用益物权纠纷（1件）；占有保护纠纷（1件）；商标权侵权纠纷（1件）
	刑事（3件）	伪证罪（1件）；诈骗罪（1件）；销售假冒注册商标的商品罪（1件）
	行政（3件）	户籍登记（1件）；不履行法定职责（1件）；颁发学位证书（1件）
	执行（2件）	医疗服务合同纠纷（1件）；生命权纠纷（1件）
各高级人民法院	民事（103件）	人格权纠纷（26件）；合同纠纷（20件）；婚姻家庭纠纷（15件）；继承纠纷（6件）；侵权责任纠纷（13件）；物权保护纠纷（3件）；所有权纠纷（6件）；用益物权纠纷（2件）；知识产权侵权纠纷（5件）；不正当竞争纠纷（2件）；人事争议（2件）；与公司有关的纠纷（2件）；申请支付令（1件）
	刑事（28件）	虚假诉讼罪（4件）；诈骗罪（2件）；拒不执行判决、裁定罪（2件）；保险诈骗罪（1件）；盗窃罪（1件）；妨害安全驾驶罪（1件）；非法狩猎罪（1件）；非法提供试题罪（1件）；假冒注册商标罪（1件）；侵犯公民个人信息罪（1件）；危害珍贵、濒危野生动物罪（1件）；污染环境罪（1件）；侮辱国旗罪（2件）；寻衅滋事罪（3件）；遗弃罪（2件）；以危险方法危害公共安全罪（1件）；组织考试作弊罪（1件）；过失致人死亡罪（1件）；侵犯著作权罪（1件）
	行政（4件）	行政强制执行（2件）；行政协议（1件）；行政给付（1件）
	司法救助（1件）	故意杀人罪（对遭受严重心理创伤的被害人实施心理治疗）

二、典型案例弘扬的具体价值多元、表述多样

从社会主义核心价值观融入司法审判典型案例弘扬的价值来看，典型案例重点弘扬国家层面的"文明""和谐"价值和个人层面的"诚信""友善"价值。并且这些典型案例在具体表述时并不局限于"文明""和谐""敬业""诚信"等表述，而是作进一步细化，结合案情作多样化的具体表述（如表2-3所示）。以诚信价值为例，典型案例在具体表述时使用了"诚信经营""诚信诉讼""诚实守法""诚实守规""诚信交往""诚信考试""契约严守"等多种具体表述，虽然这些表述都弘扬的是"诚信"价值，但这些表述各自有其适用的范围。这也说明，法院在司法审判中援引社会主义核心价值观时，必须注重结合具体案情，精准研判案件弘扬的具体价值是什么。

表 2-3 弘扬社会主义核心价值观典型案例具体表述情况

价值层面	核心价值	具体表述
国家层面	富强	无
	民主	无
	文明	文明、公序良俗、社会公德、文明交往、环境公益、独立自强、家风文明、乡风文明、文明用工、社区文明、社风文明、文明使用、文明用语、文明出行、传统风俗、善良风俗、绿色发展、文明饮酒、野生动物保护、公共卫生、生态文明建设、节能减排、绿色环保、文明养宠、尊重、顺应、保护自然、宽容礼让等
	和谐	和谐、家庭美德、中华孝道、邻里和谐、家庭和谐、孝敬老人、孝敬父母、赡养老人、养老敬老、尊老爱幼、养老育幼、和谐共处、和睦共处、老有所养、人伦道德、孝亲敬老等

续表

价值层面	核心价值	具体表述
社会层面	自由	自由交易等
	平等	就业平等、敬畏尊重生命、男女继承权平等、平等议价等
	公正	公正、公平竞争、公平公正、公平正义、公正司法、自甘风险、公平合理等
	法治	法治、未成年人保护、关爱儿童、国家监护、合法合规等
个人层面	爱国	爱国、革命英烈保护、当代英烈保护、尊重爱护国旗、红色经典保护等
	敬业	敬业、爱岗敬业、求实敬业、无私奉献
	诚信	诚信、诚实守信、诚信经营、诚信诉讼、诚实守法、诚实守规、网络秩序、契约严守、诚实信用原则、诚信交往、诚信考试、诚实正直、见利思义、拾金不昧等
	友善	友善、友善互助、助人为乐、友善共处、扶弱济困、睦邻友善、善意施惠、见义勇为、见危施救、守望相助、团结友好、互帮互助、团结邻里、邻里精神、与人为善、亲仁善邻、相互扶助、相互救助、批评有度等

三、从释法说理的繁简情况来看，样本案例对社会主义核心价值观的具体阐释精简精练而不粗略

有学者指出："社会主义核心价值观在民事裁判说理中的适用较为简单，缺乏细致深入的阐述说理。"① 有学者还认为："援引社会主义核心价值观进行裁判说理目的在于增强裁判的可接

---

① 周尚君、邵珠同：《核心价值观的司法适用实证研究——以276份民事裁判文书为分析样本》，载《浙江社会科学》2019年第3期。

受性，但大多数案件说理不明，呈现出说理简陋化、模板化与碎片化的问题。"① 可以说，法院在司法审判中援引社会主义核心价值观释法说理时仍比较粗略。但是，从最高人民法院及各高级人民法院发布的弘扬社会主义核心价值观典型案例来看，社会主义核心价值观融入司法审判释法说理理应是精简精练的，而非粗略的。例如，在某共有房屋分割案中，法院认为刘某要求其父母转让财产份额的诉求不符合善良风俗、传统美德，理由是"'百善孝为先'……孝敬父母乃'天之经、地之义、人之行、德之本'，是中国传统伦理道德的基石，是千百年来中国社会维系家庭关系的重要道德准则，是中华民族优秀的传统美德……为人子女……不仅应在物质上赡养父母……也应在精神上赡养父母……"② 在该案中，法院的释法说理既围绕着争议焦点、结合了具体案情，又指明了具体价值，在篇幅上也仅200余字。换句话说，该案对社会主义核心价值观的援引做到了精简精练却又不会让人觉得粗略。又如，在钱某与某科技公司网络悬赏广告纠纷案中，法院认为：钱某表面上为涉案APP邀请了大量新用户，但这类成员注册成为新用户仅是为了获取相应的奖励，而非真正使用涉案APP，不能形成真正意义上的"用户"，故此类操作与使用设备虚构用户类似，均应视为"刷量"操作。钱某的"刷量"行为实际上是采用欺骗方法制造完成特定行为的假象，进而利用悬赏活动牟利，违反了诚信原则，扰乱了电子商务活动的正常秩序，损害

---

① 于洋：《论社会主义核心价值观的司法适用》，载《法学》2019年第5期。

② 《最高人民法院公布10起弘扬社会主义核心价值观典型案例之一：刘某诉刘某某、周某某共有房屋分割案》，载北大法宝官网，http://www.pkulaw.cn/CLI.C.8411554，最后访问时间：2022年9月1日。

了互联网企业的合法权益,不应得到支持和鼓励。① 法院在认定钱某邀请虚假用户注册行为属于"刷量"行为的基础上,对"刷量"行为的性质作了违反诚信原则的进一步判定,指出该行为不应得到鼓励与支持。可以发现,法院的判决已经具体释明钱某的哪一具体行为违反了诚信原则,做到了精简精练,言之有物。在法官裁判说理任务繁重的大背景下,社会主义核心价值观融入司法审判释法说理并不需要也没必要要求法官长篇大论,只需要法官将具体案情与具体价值作合理连接即可,尽量做到精简精练论述。

第二节 最高人民法院发布的弘扬社会主义核心价值观典型案例样本分析

2016年至2022年,最高人民法院陆续发布了4批共39个弘扬社会主义核心价值观的典型案例,其中民事案件31个,刑事案件3个,行政案件3个,执行案件2个。前文对社会主义核心价值观融入司法审判典型案例案件类型、弘扬的价值、说理的繁简、运用的具体场景等进行了总体样态上的分析。通过专门对最高人民法院发布的39个弘扬社会主义核心价值观典型案例的进一步分析,可以更加清晰明了地发现社会主义核心价值观在司法审判中的具体运用方式,可以为社会主义核心价值观融入司法审判提供一个较为客观的评价标准。典型案例中,

---

① 《广东省高级人民法院发布九个弘扬社会主义核心价值观典型案例之六:钱某与某科技公司网络悬赏广告纠纷案》,载北大法宝官网,http://www.pkulaw.cn/CLI.C.410250193,最后访问时间:2022年9月1日。

社会主义核心价值观融入裁判说理的方式详见表2-4。

表2-4 最高人民法院发布的弘扬社会主义核心价值观典型案例样本分析情况

典型案例	时间及类型	主要行为	社会主义核心价值观及融入方式
1. 刘某诉刘某某、周某某共有房屋分割案	2016年3月8日（民事）	女儿欲将父母占有的房屋份额转让给自己	家庭美德（援引、实质、具体、复合）
2. "北燕云依"诉某派出所拒绝办理户口登记案	2016年3月8日（行政）	公安机关拒绝对"北燕云依"进行户口登记	公序良俗（援引、实质、具体、复合）
3. 周某诉某公安分局拖延履行法定职责案	2016年3月8日（行政）	同社区居民跳广场舞严重影响周某生活安宁，向公安机关报案处理未果	社会公德（非援引）
4. 张某等诉杨某继承纠纷案	2016年3月8日（民事）	将房产遗赠给邻居的儿子	友善互助（非援引）
5. 杨某诉某财产保险股份有限公司意外伤害保险合同纠纷案	2016年3月8日（民事）	保险公司就合同中免责条款未尽到提示和说明义务	诚实守信（非援引）
6. 张某诉某商贸有限责任公司买卖合同纠纷案	2016年3月8日（民事）	出售"三无"食品	诚信经营（非援引）
7. 某船厂诉某船务有限公司船舶修理合同纠纷案	2016年3月8日（民事）	恶意串通，虚构债权债务关系	诚信诉讼（援引、实质、具体、复合）

第二章 社会主义核心价值观融入司法审判的典型案例样本分析

续表

典型案例	时间及类型	主要行为	社会主义核心价值观及融入方式
8.金某伪证案	2016年3月8日（刑事）	虚假作证	诚实守法（非援引）
9.高某诉上海某大学不授予学位案	2016年3月8日（行政）	对在考试中作弊行为作出不授予学位的处理	诚实守规（非援引）
10.某环保联合会诉某农化有限公司等环境污染责任纠纷案	2016年3月8日（民事）	工业废物直接排进河道	环境公益（非援引）
11.某村民委员会诉郑某某等12人返还原物纠纷案	2016年8月22日（民事）	村民违法侵占住房	诚实守法（非援引）
12.伊春某旅游酒店有限公司诉张某某劳动争议纠纷案	2016年8月22日（民事）	用人单位未与职工签订劳动合同	诚实守规（非援引）
13.丘某某诈骗案	2016年8月22日（刑事）	以帮人寻找关系办事为由诈骗	诚实守信（非援引）
14.微信朋友圈销售假冒注册商标的商品案	2016年8月22日（刑事）	通过微信软件等途径销售假冒注册商标的商品	诚信经营（非援引）
15.旅游卫视诉爱美德公司等侵犯台标著作权案	2016年8月22日（民事）	当事人多次伪造证据	诚信诉讼（非援引）

续表

典型案例	时间及类型	主要行为	社会主义核心价值观及融入方式
16. 北京某集团总医院申请执行陈某某医疗服务合同纠纷案	2016年8月22日（执行）	患者霸占病床不愿出院	公序良俗（非援引）
17. 某小区业主委员会诉邓某某物业服务合同纠纷案	2016年8月22日（民事）	业主委员会自行管理本小区	诚实守信（非援引）
18. 唐某某诉唐某1等5子女赡养纠纷案	2016年8月22日（民事）	子女之间赡养意见不一，致使父母得不到赡养	家庭美德（援引、实质、具体、复合）
19. 邓某某诉某速递公司、某劳务公司一般人格权纠纷案	2016年8月22日（民事）	对女性就业性别歧视	社会公德（援引、实质、具体、复合）
20. 华某与王某1、王某2生命权纠纷执行案	2016年8月22日（执行）	法院人性化执行、司法救助	友善互助（非援引）
21. 杭州市西湖区人民检察院诉瞿某某侵害烈士名誉权公益诉讼案	2020年5月13日（民事）	网店经营者销售行为侵害了董存瑞、黄继光的名誉	革命英烈保护（援引、实质、具体、复合）
22. 淮安市人民检察院诉曾某侵害烈士名誉权公益诉讼案	2020年5月13日（民事）	利用微信群，发表带有侮辱性质的不实言论，歪曲烈士谢勇英勇牺牲的事实	当代英烈保护（援引、实质、具体、复合）

第二章　社会主义核心价值观融入司法审判的典型案例样本分析

续表

典型案例	时间及类型	主要行为	社会主义核心价值观及融入方式
23. 李某某等人诉某村委会违反安全保障义务责任纠纷案	2020年5月13日（民事）	村民私自上树摘果坠亡	公序良俗、文明出行（非援引）
24. 刘某某、郭某1、郭某2诉孙某、某物业公司生命权纠纷案	2020年5月13日（民事）	撞伤儿童离开被阻猝死	助人为乐、友善共处（援引、实质、具体、复合）
25. 某公司、黄某诉邵某名誉权纠纷案	2020年5月13日（民事）	微信群发表不当言论	社会公德、文明交往（非援引）
26. 常某某诉许某网络服务合同纠纷案	2020年5月13日（民事）	"暗刷流量"合同	诚实守信、网络秩序（援引、实质、具体、复合）
27. 某房地产公司诉李某某确认合同无效案	2020年5月13日（民事）	开发商"自我举报"无证卖房毁约	诚实守信、契约严守（援引、实质、具体、复合）
28. 马某诉佘某某、李某侵权责任纠纷案	2020年5月13日（民事）	吃"霸王餐"逃跑摔伤	诚实守信（援引、实质、具体、复合）
29. 高某1诉高某2、高某3、高某4继承纠纷案	2020年5月13日（民事）	自愿赡养老人	中华孝道（援引、实质、具体、复合）
30. 柳州市儿童福利院申请确定监护人纠纷案	2020年5月13日（民事）	困境儿童指定监护人	未成年人保护（非援引）

续表

典型案例	时间及类型	主要行为	社会主义核心价值观及融入方式
31. 何某某诉杜某某物权保护纠纷案	2022年2月23日（民事）	祖母赠与孙子房产后被要求腾空交还赠与房屋	家庭和谐、孝敬老人（援引、实质、具体、复合）
32. 杨某某诉杨某1、吴某某居住权纠纷案	2022年2月23日（民事）	成年子女在家"啃老"	独立自强、家风文明（援引、实质、具体、复合）
33. 某村民委员会诉王某某等六人追索赡养费纠纷案	2022年2月23日（民事）	村民委员会垫资照顾"空巢"老人	扶弱济困、乡风文明（援引、实质、具体、复合）
34. 闫某某诉某公司平等就业权纠纷案	2022年2月23日（民事）	遭遇就业地域歧视	就业平等、文明用工（援引、实质、具体、复合）
35. 方某某、黄某某诉周某、陈某某等物权保护纠纷案	2022年2月23日（民事）	在老旧小区加装电梯	睦邻友善、社区文明（援引、实质、具体、复合）
36. 新疆某大学诉谢某人事争议案	2022年2月23日（民事）	享受政策入学深造，学成违约拒回原单位工作	诚实守信、爱岗敬业（援引、实质、具体、复合）

续表

典型案例	时间及类型	主要行为	社会主义核心价值观及融入方式
37.李某某诉某市第一人民医院、徐某某健康权纠纷案	2022年2月23日（民事）	出于好意清理开水房的积水及附近走廊里的水渍	助人为乐、社风文明（援引、形式、概括、复合）
38.某卤菜厂诉某省广播电视总台名誉权纠纷案	2022年2月23日（民事）	媒体如实曝光食品安全问题	求实敬业、诚信经营（援引、实质、具体、复合）
39.沈某某诉徐某、蒋某某、某保险公司机动车交通事故责任纠纷案	2022年2月23日（民事）	好意同乘期间驾驶员致同乘人损害	好意同乘、善意施惠（援引、实质、具体、复合）

一、非援引融入和援引融入

援引融入，是指法官直接在裁判文书中援引了社会主义核心价值观的相关内容。如李某某诉某市第一人民医院、徐某某健康权纠纷案中，法院生效裁判认为："徐某某义务清理公共卫生的行为符合社会主义核心价值观，值得提倡和鼓励，且其本身没有侵权的故意或者重大过失，故其不应承担赔偿责任。"[①] 在该案中，法院在判决书中直接指出"清理公共卫生的行为符合社会主义核心价值观"，此为援引融入。又如，在何某某诉杜某

[①] 《最高人民法院发布第二批9起人民法院大力弘扬社会主义核心价值观典型民事案例之七：李某某诉某市第一人民医院、徐某某健康权纠纷案》，载北大法宝官网，http://www.pkulaw.cn/CLI.C.409730224，最后访问时间：2022年9月1日。

某物权保护纠纷案中，法院生效裁判认为："此种源于血缘关系的房屋赠与即便双方没有明确约定受赠人及其父母对祖辈的扶助义务，基于通常意义的善良风俗考虑，在杜某某年逾60且已丧偶的情况下，何某某取得房屋所有权后不足一年即要求杜某某迁出房屋，明显有违社会一般伦理道德。"①在该案中，法院直接援引了"善良风俗""一般伦理道德"进行说理论证。非援引融入，是指法院虽然未在裁判文书中援引社会主义核心价值观相关内容，但其裁判结果有利于社会主义核心价值观的弘扬。例如，在丘某某诈骗案中，法院并未在裁判文书中援引社会主义核心价值观相关内容，但不影响该案被评为典型案例。②从研究统计的数据来看，在最高人民法院发布的39个典型案例中，援引融入的典型案例有21个，占比约为54%。在这21个典型案例中，2022年发布的9个案例均为援引融入。这说明，非援引融入向援引融入转变是一种趋势。另外，《社会主义核心价值观融入裁判文书释法说理的指导意见》也明确指出，当具体案件涉及国家利益、重大公共利益、见义勇为、正当防卫、弱势群体保护、新问题六类情形时，应当强化运用社会主义核心价值观释法说理。③何谓"强化运用"？"强化运用"就是指法官应当在裁判文书中体现出社会主义核心价值观的相关内容。

---

① 《天津高院2020年度弘扬社会主义核心价值观典型案例之五：岳某等与郝某、薛某等机动车交通事故责任纠纷案》，载北大法宝官网，http://www.pkulaw.cn/CLI.C.311970871，最后访问时间：2022年9月1日。

② 《最高人民法院发布十起关于弘扬社会主义核心价值观典型案例之三：丘某某诈骗案》，载北大法宝官网，http://www.pkulaw.cn/CLI.CR.8420917，最后访问时间：2022年9月1日。

③ 参见《关于深入推进社会主义核心价值观融入裁判文书释法说理的指导意见》，载《人民法院报》2021年2月18日，第4版。

二、实质融入和形式融入

实质融入，是指社会主义核心价值观在事实认定、法律程序、法律适用等方面起到了实质性论证作用。例如，在"北燕云依"诉某派出所拒绝办理户口登记案中，法院认为："公民对姓氏传承的重视和尊崇……是中华民族向心力、凝聚力的载体和镜像。公民原则上随父姓或者母姓，符合中华传统文化和伦理观念……如果任由公民仅凭个人意愿喜好，随意选取姓氏甚至自创姓氏，则会造成对文化传统和伦理观念的冲击，违背社会善良风俗和一般道德要求。"①法院详细说明了公民将姓名登记为"北燕云依"不符合中华传统文化和伦理观念，违背社会善良风俗和一般道德要求，利用社会主义核心价值观对"公序良俗"这一不确定概念作了价值补充。形式融入，是指社会主义核心价值观对裁判结果证成无实质性作用，仅起到价值宣示、道德说教等作用。例如，在刘某某与梁某劳务合同纠纷案中，法院仅在裁判文书末尾写道："为弘扬社会主义核心价值观，依照……之规定判决如下……"②又如，在隋某某、赵某一劳务合同纠纷案中，法院依据法律规定作出实质性判决后认为："人民法院……要在司法活动中规范和引领社会主义核心价值观，宣传新时代公民道德风尚，弘扬社会主义法治精神，营造良好的法治氛围，切实保障农民工的合法权益，努力让人民群众在每一个司法案件中都感受到公平正义。"③可以

---

① 《最高人民法院公布10起弘扬社会主义核心价值观典型案例之二："北燕云依"诉某派出所拒绝办理户口登记案》，载北大法宝官网 http://www.pkulaw.cn/CLI.C.8411555，最后访问时间：2022年9月1日。

② 参见刘某某与梁某劳务合同纠纷案，重庆市开州区人民法院（2018）渝0154民初9075号民事判决书。

③ 参见隋某某、赵某某劳务合同纠纷案，河南省漯河市中级人民法院（2021）豫11民终267号民事判决书。

看到，在上述两个案件中，法官是否在司法裁判中运用社会主义核心价值观释法说理不影响裁判结果的证成。《社会主义核心价值观融入释法说理的指导意见》明确指出："各级人民法院应当坚持以事实为根据，以法律为准绳。在释法说理时，应当针对争议焦点，根据庭审举证、质证、法庭辩论以及法律调查等情况，结合社会主义核心价值观，重点说明裁判事实认定和法律适用的过程和理由。"社会主义核心价值观在司法裁判中应当起到实质性的作用，不能为了用而用。在最高人民法院发布的21个援引融入的典型案例中，实质融入的典型案例有20个，占比约为95%。综上所述，实质融入应当优于形式融入。需要指出的是，社会主义核心价值观的实质融入并不意味着社会主义核心价值观可以替代法律规定，法官不可以突破法律框架运用社会主义核心价值观，否则，社会主义核心价值观的强化运用很可能会"喧宾夺主"，导致"规则逃逸"现象。①

社会主义核心价值观的强化运用不是为了新创造一条"社会主义核心价值观"规则。在多数情况下，特别是有可适用的法律规则的情况下，社会主义核心价值观在司法审判中理应承担的是"辅助者"角色。

三、具体融入和概括融入

具体融入，是指法官在释法说理时援引社会主义核心价值观的具体价值。例如，在杭州市西湖区人民检察院诉瞿某某侵害烈士名誉权公益诉讼案中，法院认为："英雄烈士董存瑞在'解放战争'中舍身炸碉堡……体现了崇高的革命气节和伟

---

① 参见于洋：《论社会主义核心价值观的司法适用》，载《法学》2019年第5期。

大的爱国精神，是社会主义核心价值观的重要体现……"①法官在该案中明确指出，保护英雄烈士的名誉是社会主义核心价值观爱国价值的具体体现，英烈名誉保护属于社会主义核心价值观的范畴。概括融入，即指法官在释法说理时仅概括援引"社会主义核心价值观"这一抽象概念，不涉及社会主义核心价值观具体价值。例如，在何某、卢某某等共有纠纷案中，法院认为："何某1作为债务人在有较大数额外债的情况下将房屋及财产约定归卢某某及何某所有，债务由自己承担，明显是逃避债务，转移财产，且有悖于社会主义核心价值观。"②在该案中，法官仅概括性地认定"逃避债务，转移财产"有悖于社会主义核心价值观，至于为什么这一行为不符合社会主义核心价值观以及违背了社会主义核心价值观什么价值则没有释明。又如，在陈某诉南昌市东湖区人民政府房屋征收决定违法案中，法院认为："被告在征收实施过程中，依照原告的意愿及客观情况，在不影响公共利益的前提下，充分听取被征收人意见，及时调整征收范围，是真正践行'民主、和谐、平等、友善'的社会主义核心价值观的一种方式，更体现出法治政府从刚性行政向柔性行政转变的进步。"③在该案中，法官在裁判文书中具体援引了"民主、和谐、平等、友善"四个价值，涵盖了国家、社会、个体三个层面，援引非常宽泛，在本质上仍属于概括融入。最高人民法院援引融入社会主义核心价值观的典型案例均属于具体

---

① 《最高人民法院发布人民法院大力弘扬社会主义核心价值观十大典型民事案例之一：杭州市西湖区人民检察院诉瞿某某侵害烈士名誉权公益诉讼案》，载北大法宝官网，http://www.pkulaw.cn/CLI.C.99810468，最后访问时间：2022年9月1日。

② 参见何某、卢某某等共有纠纷案，河南省邓州市人民法院（2021）豫1381民初1337号民事判决书。

③ 参见陈某诉南昌市东湖区人民政府房屋征收决定违法案，南昌铁路运输法院（2019）赣7101行初475号行政裁定书。

融入。由此可知，社会主义核心价值观融入司法审判绝非"社会主义核心价值观"这一抽象概念融入司法审判。此外，在具体融入中，也并非仅将"爱国""敬业""诚信"等词语融入裁判文书释法说理，在具体的司法实践中还会具体使用"英烈精神""孝敬父母""睦邻友好""中华孝道""诚实守规"等词汇。从说理接受者的角度而言，概括式融入这样的说理方式也难以让人信服，或者可以说，接受者很容易忽略这样的表述，自然也就不能起到弘扬社会主义核心价值观的作用。因此，社会主义核心价值观具体融入司法审判优先于概括融入。

四、单独融入和复合融入

单独融入，是指法官直接将社会主义核心价值观作为实体裁判的唯一依据。例如，在佛山市三水区云东海街道何家股份合作经济社与佛山市三水区云东海街道办事处、杨某某集体经济组织成员资格确认案中，佛山市中级人民法院认为："何家经济社上诉提出的按照广东风俗，只有同宗子孙才能分享祖辈留下的资产和收益，杨某某作为外嫁女的子女不应该参与何家经济社的权益分配的主张实属封建落后思想，与社会主义核心价值观不符，本院不予采纳。"[①] 法院直接单独援引社会主义核心价值观否定了当事人提出的上诉理由。复合融入，是指法官通过援引社会主义核心价值观和法律规则、法律原则、法律精神、传统美德等作出裁判，将社会主义核心价值观作为说理依据之一。例如，在某村民委员会诉王某某等六人追索赡养费纠纷案中，某村民委员会为独居的杜某某垫付住院期间护理费、

[①] 参见佛山市三水区云东海街道何家股份合作经济社与佛山市三水区云东海街道办事处、杨某某集体经济组织成员资格确认案，广东省佛山市中级人民法院（2020）粤06行终501号行政判决书。

伙食费等各类费用，后杜某某子女拒绝支付上述费用。法院经审理后认为："赡养老人是中华民族的传统美德。本案中，某村民委员会对杜某某无法定的扶养义务……承担了本应由子女承担的赡养义务，有权向杜某某子女追索垫付费用。"①在该案中，法官通过援引中华民族的传统美德和相关法律规则作出裁判。

第三节 高级人民法院发布的弘扬社会主义核心价值观典型案例样本分析

最高人民法院发布典型案例之后，地方各高级人民法院也陆续发布了本辖区内弘扬社会主义核心价值观典型案例，截至2022年12月31日共检索到136个。通过对高级人民法院发布的弘扬社会主义核心价值观典型案例的研究，进一步分析归纳和总结出社会主义核心价值观的司法适用样态。

一、高级人民法院发布的案件类型与最高人民法院发布的基本保持一致

如前所述，在地方各高级人民法院发布的136件典型案例中，民事案件103件、刑事案件28件、行政案件4件，司法救助案件1件；在最高人民法院发布的39个弘扬社会主义核心价值观典型案例中，民事案件31件、刑事案件3件、行政案件3

---

① 《最高人民法院发布第二批人民法院大力弘扬社会主义核心价值观典型民事案例之三：某村民委员会诉王某某等六人追索赡养费纠纷案》，载北大法宝官网，http://www.pkulaw.cn/CLI.C.405705316，最后访问时间：2022年9月1日。

件、执行案件 2 件。可以发现，无论是最高人民法院还是各高级人民法院，都偏重于遴选民事案件，刑事案件和行政案件的占比都较低。上述现象的出现与以下几点原因有关：一是每年审结的民商事案件基数大。以 2021 年为例，各级法院审结一审民商事案件 1574.6 万件、刑事案件 125.6 万件、行政案件 29.8 万件，民商事案件的基数是刑事案件、行政案件的 12.5 倍和 52.8 倍。① 二是社会主义核心价值观在各类案件中适用的限制情况不同。在民商事案件中，法无禁止即自由，社会主义核心价值观在法律适用过程中，既可以用于狭义的法律解释、不确定概念的价值补充，又可以用于填补漏洞、类推适用；在刑事案件中，以事实为依据、以法律为准绳，严格遵循罪刑法定原则，定罪量刑都必须严格遵循法律规定，罪与刑不依社会主义核心价值观来定；在行政案件中，法无授权不可为、法定职责必须为，社会主义核心价值观能否用于填补行政法律规则漏洞尚有争议。因此，社会主义核心价值观在民商事案件中的适用限制比在刑事案件和行政案件中的适用限制小。三是各级法院对社会主义核心价值观在不同类型案件中适用的重视程度不同。最高人民法院公布的四批弘扬社会主义核心价值观典型案例的标题分别为《最高人民法院公布 10 起弘扬社会主义核心价值观典型案例》《最高人民法院发布十起关于弘扬社会主义核心价值观典型案例》《最高人民法院发布人民法院大力弘扬社会主义核心价值观十大典型民事案例》《最高人民法院发布第二批人民法院大力弘扬社会主义核心价值观典型民事案例》。可以发现，最高人民法院发布的弘扬社会主义核心价值观典型案例逐步限制在民事案例，未曾见到最高人民法院专门发布弘扬社会主义核心

---

① 周强：《最高人民法院工作报告——2022 年 3 月 8 日在第十三届全国人民代表大会第五次会议上》，载《人民法院报》2022 年 3 月 16 日，第 4 版。

价值观刑事案例或者行政案例。但这并不意味着只有民商事案件才需要强化运用社会主义核心价值观，刑事案件和行政案件也应当强化运用社会主义核心价值观进行裁判说理。

二、发布弘扬社会主义核心价值观典型案例的高级人民法院地域分布不均

如表2-5所示，在全国范围内，只有10个省（自治区）高级人民法院发布了弘扬社会主义核心价值观典型案例，这表明不同地域对社会主义核心价值观融入司法审判的态度有所差异。从三大行政区域来看，东部地区高级人民法院（包括北京、天津、上海、辽宁、河北、山东、江苏、浙江、福建、广东、海南11省、直辖市）发布弘扬社会主义核心价值观的典型案例共71件，分布在天津、上海、山东、江苏、广东；中部地区高级人民法院（包括山西、河南、安徽、江西、湖南、湖北、吉林、黑龙江8省）发布弘扬社会主义核心价值观的典型案例共10件，均分布在江西；西部地区高级人民法院（包括陕西、甘肃、宁夏、青海、新疆、四川、贵州、云南、西藏、重庆、内蒙古、广西12省、自治区、直辖市）发布弘扬社会主义核心价值观的典型案例共55件，集中分布在新疆、贵州、重庆和广西。相比较来说，东部地区更为注重发布典型案例。此外，各高级人民法院基本上都是在2020年之后才发布弘扬社会主义核心价值观典型案例的，这说明社会主义核心价值观融入司法审判需要经历逐步推进、不断积累、不断加深认识的过程。

表 2-5 高级人民法院发布典型案例区域分布

发布机关	发布时间	案件类型	总计（件）
广东高院	2020年3月14日	民事	9
重庆高院	2020年12月18日	民事（8件）；刑事（2件）	10
	2021年5月22日	民事	10
	2021年12月28日	民事（7件）；刑事（2件）；行政（1件）	10
贵州高院	2020年3月15日	民事（2件）；刑事（1件）	3
	2020年5月27日	民事	5
	2020年6月16日	民事	3
山东高院	2021年1月29日	民事（3件）；刑事（7件）	10
上海高院	2022年1月10日	民事（9件）；刑事（1件）	10
天津高院	2019年9月16日	民事（4件）；刑事（7件）；司法救助（1件）	12
	2020年12月30日	民事（8件）；刑事（1件）；行政（1件）	10
江苏高院	2021年9月26日	民事（8件）；刑事（2件）	10
	2021年12月27日	民事（6件）；刑事（3件）；行政（1件）	10

续表

发布机关	发布时间	案件类型	总计（件）
新疆高院	2016年3月25日	民事	4
江西高院	2022年12月1日	民事	10
广西高院	2022年12月25日	民事（7件）；刑事（2件）；行政（1件）	10

第四节 社会主义核心价值观融入司法审判的具体环节

法官裁判案件必须经过事实认定和法律适用两个环节。在事实认定部分，应重视以下三个问题：一是依据证据规则的真实性、关联性和合法性去准确认定案件的事实；二是如果缺乏直接证据，在只有某些间接证据的基础上，需要确定能否通过间接证据证明一定的事实，证据之间是否具有关联性，能否形成完整的证据链；三是应当强化非法证据的排除。在法律适用部分，梁慧星教授作了较为精练的概括：其一，有法律条文，则需要确定其适用范围，明确其内容意义，区分其构成要件与法律效果，这一套工作叫狭义的法律解释；其二，没有法律规定，这种情况叫法律漏洞，需要法官依据一些方法和理论，作出内心确认；其三，虽有法律规定，但属于不确定概念，需要结合本案事实将不确定概念具体化，这一套工作叫不确定概念的价值补充。① 无论是事实认定，还是法律适用，都不是一件轻松的事。恰如杨仁寿教授指出的那样："法官初步所认定之事实，未必即能与所寻觅的法律构成要件相符。故于归摄时，法官的目光必须在'事实'与'法律规范'之间一再地'来回穿梭'，或重新衡量事实，以符合法律构成要件。"② 从收集到的典型案件来看，社会主义核心价值观融入司法审判就意味着社会主义核心价值观实质性地参与到案件的事实认定与法律适用中去。

一、社会主义核心价值观可用于案件事实的认定，但必须结合证据证明标准与相关事实要件来综合判定

例如，在李某某诉某市第一人民医院、徐某某健康权纠纷案中，徐某某见开水房附近走道上有积水，就使用拖把对医院开水房进行清理，又使用该拖把对楼道走廊进行了擦拭，导致地面潮湿。当晚，李某某步行至上述位置时，因地面湿滑摔倒在地。该案的争议焦点在于徐某某清洁地面客观上增加了滑倒摔伤的风险的行为如何定性？法院认为："在当时的客观条件下，徐某某只能采取拖地的方式进行保洁清理。徐某某出于做好人好事的考虑帮助第一人民医院进行保洁清理，徐某某的帮助行为可以视为无偿帮工行为……义务清理公共卫生的行为符合社会主义核心价值观，值得提倡和鼓励。"③ 在该案中，法院判定义务打扫公共卫生行为符合社会主义核心价值观，并结合案

---

① 梁慧星：《裁判的方法》，法律出版社 2021 年版，第 122 页。
② 杨仁寿：《法学方法论》，中国政法大学出版社 2013 年版，第 37 页。
③ 《最高人民法院发布第二批 9 起人民法院大力弘扬社会主义核心价值观典型民事案例之七：李某某诉某市第一人民医院、徐某某健康权纠纷案》，载北大法宝官网，http://www.pkulaw.cn/CLI.C.409730224，最后访问时间：2022 年 9 月 1 日。

件当时的客观条件,将徐某某行为视为义务帮工行为,对该案关键事实作了重要认定。又如,在谭某1、谭某2诉马某等生命权纠纷案中,法院经审理后认为:"助人为乐、见危施救应当成为社会所称颂的美好道德,马某等六被告不是专业医护人员,也没有接受过相关培训,难以通过谭某某的症状判断其病因,更不知晓其病状及是否移动,在向120求救后也未得到不能搬运的指示。因此,各被告所采取的救助方式符合一般人的正常施救方法,不应要求救助者达到专业医护人员的救治水平而认定其存在过错。"[1] 在该案中,在没有证据证明各被告对谭某某的救助措施与谭某某的死亡结果之间具有因果关系的情况下,法院肯定了马某等六人行为属于自愿救助行为。该案对自愿救助行为的事实认定,有助于打消人们做好事时的后顾之忧,不用担心因过失造成损害而受到追究,从而鼓励对伤病人士施以帮助。

二、社会主义核心价值观可以且重点用于确定裁判依据、准确适用法律

一是运用社会主义核心价值观对不确定概念进行价值补充。例如,在"北燕云依"诉某派出所拒绝办理户口登记案中,争议焦点在于原告方在父母姓氏之外选取其他姓氏,是否符合立法解释中"有不违反公序良俗的其他正当理由"之规定。法院经审理后认为:"公民原则上随父姓或者母姓,符合中华传统文化和伦理观念,符合绝大多数公民的意愿和实际做法。"[2] 因此,

---

[1] 《重庆法院弘扬社会主义核心价值观典型案例(第二批)之六:谭某1、谭某2诉马某等生命权纠纷案》,载北大法宝官网,http://www.pkulaw.cn/CLI.C.405705315,最后访问时间:2022年9月1日。

[2] 《最高人民法院公布10起弘扬社会主义核心价值观典型案例之二:"北燕云依"诉某派出所拒绝办理户口登记案》,载北大法宝官网,http://www.pkulaw.cn/CLI.C.8411555,最后访问时间:2022年9月1日。

公安机关拒绝对"北燕云依"进行户口登记，符合法律规定，恪守了公序良俗的要求，维护了正常社会管理秩序，得到了人民法院的支持。在该案中，法律并未详细规定何谓"有不违反公序良俗的其他正当理由"，实属不确定概念。法官通过该案的裁判，对该不确定概念进行了具体的价值补充。

二是运用社会主义核心价值观对法律漏洞进行填补。例如，在某小区业主委员会诉邓某某物业服务合同纠纷案中，针对业主委员会是否为本案的适格主体这一焦点，法院认为："我国并没有一部专门的物业管理法律。在审理物业服务合同纠纷案件时，法院主要依据《物业管理条例》等相关规定。但这些法律对于类似业主委员会自管这种物业模式都没有明确的规定……出于保护当事人合理诉求的考虑，同时出于业主委员会自管小区有利于营造舒适安全的环境，有利于维护小区和谐稳定的角度考虑，我们对现阶段业主委员会自管模式中业主委员会的主体资格予以认定。"[①] 在该案中，自管模式下的业主委员会能否成为适格主体法律并未明确规定，即存在法律漏洞。营造舒适安全和维护小区和谐稳定属于社会主义核心价值观的范畴，法官通过该案的裁判，对该法律漏洞进行了填补。

三是在有规范性法律文件作为裁判依据的情况下，将社会主义核心价值观作为说理依据，进一步明晰法律内涵、阐明立法目的、论述裁判理由。例如，在高某某诉高某1、高某2、高某3继承纠纷案中，高某某自愿专职照料其祖父母高某4与李某，高某4与李某去世前立下代书遗嘱，主要内容为因高某某照顾老人，二人去世后将居住的回迁房屋送给高某某。二人去世后，后事也由高某某出资操办。李某子女高某1、高某2、高

---

① 《最高人民法院发布十起关于弘扬社会主义核心价值观典型案例之七：某小区业主委员会诉邓某某物业服务合同纠纷案》，载北大法宝官网，http://www.pkulaw.cn/CLI.C.8420919，最后访问时间：2022年9月1日。

某3因遗产问题与高某某产生争议。法院经审理后认为："'鸦有反哺之义，羊有跪乳之恩'……善待父母，这是人之所以为人的基本伦理。孝敬父母、赡养老人是中华民族传统美德，是当今社会普遍提倡并应着力弘扬的家庭伦理道德，也是人民法院继承案件遗产分割比例的重要考量因素，这不仅是源于法律的具体规定，也是弘扬民族精神和时代精神，促进形成良好的社会道德风尚的司法价值的应有之义。本案中，高某某虽没有赡养祖父母的法定义务，但其能专职侍奉生病的祖父母多年直至老人病故，使得高某4、李某得以安享晚年，这正是良好社会道德风尚的具体体现，并足以让社会、家庭给予褒奖。《继承法》赋予对被继承人扶养较多的非继承人分得适当遗产的权利就是法律对这种道德行为的肯定。与此相对应，该法规定有扶养能力的继承人，不尽扶养义务的，应当不分或少分遗产，是对未尽到扶养义务的继承人的惩戒。遗产继承处理的不仅是当事人间的财产关系，还关系到家庭伦理和社会道德风尚，继承人应当本着互谅互让、和睦团结的精神消除误会，积极修复亲情关系，实现兄弟和解，共促良好家风，以身教后世，告慰先人。"[1]在该案中，关于遗产如何分配，法律已经有了明确规定，法院结合案情，在释明法律规定的基础上，还援引了"孝敬父母、赡养老人""互谅互让、和睦团结""良好家风"等社会主义核心价值观内容进一步加深对法律条文的理解，从正面肯定了高某某自愿照料祖父母的行为，同时也对高某1、高某2、高某3未尽到赡养义务而又想争夺遗产的行为表示了否定。

---

[1] 《最高人民法院发布人民法院大力弘扬社会主义核心价值观十大典型民事案例之九：高某某诉高某1、高某2、高某3继承纠纷案》，载北大法宝官网，http://www.pkulaw.cn/CLI.C.99810646，最后访问时间：2022年9月1日。

第三章

社会主义核心价值观融入司法审判的重大成效

第一节　社会主义核心价值观融入司法审判的功能

从最高人民法院、部分高级人民法院发布的典型案例来看，社会主义核心价值观的价值功能在于能够在具体案件中起到价值引导、规则引领的作用。

一、社会主义核心价值观融入司法审判典型案例具有价值引导作用

陈金钊教授指出："如果没有价值观的引领，法律的运行就会迷失方向，或失去裁断的正当性。"① 法官在司法审判中拥有一定的自由裁量权，但该种权力也应当受到必要的约束。社会主义核心价值观是检验自由裁量权是否合理行使的重要标准之一，公正的司法审判也是弘扬社会主义核心价值观的重要途径。最高人民法院、部分省（自治区、直辖市）高级人民法院从众多司法案件中精心挑选出典型案例，进一步开诚布公地向全社会昭示司法审判如何运用社会主义核心价值观去进行价值引导，从而规范人民群众的社会行为。从公布的典型案例中，我们可以提炼出社会主义核心价值观司法审判典型案例所引导的价值主要有以下五方面：

一是鼓励、倡导、支持诚信做人、诚信做事，反对弄虚作假、坑蒙拐骗。诚实守信原则历来被视为私法领域的"帝王条款"，贯穿整个私法的实体法和程序法的全部。在公法领域，诚实守信原则同样发挥着重要作用，信赖保护原则即是诚实守信原则在行政法中的具体运用。可以说，诚实守信原则作为规范各种社会主体行为的基本法律准则，是社会主义核心价值观诚

---

① 陈金钊：《"社会主义核心价值观融入法治建设"的方法论诠释》，载《当代世界与社会主义》2017年第4期。

信价值在法律体系当中的具体体现。司法审判中，法院极为重视对诚信价值的融入。在最高人民法院、部分省（自治区、直辖市）高级人民法院发布的175起典型案例中，有50起典型案例所引导的核心价值为诚信价值，占比约为28.5%。例如，在某卫视诉某公司等侵犯台标著作权案中，被告某公司重复提交多份关键虚假证据，法院对此行为作出了顶格处罚。最高人民法院认为该案的典型意义在于："被告上述行为严重违反诚信精神，干扰法院诉讼秩序，浪费司法资源，损害对方当事人权益，无视法院司法权威，行为极其严重……不诚信诉讼行为严重影响司法秩序，损害相对方利益，应当依法予以处罚，以维护法治和司法的权威。"[1] 该案明确向社会公众传达了打击虚假诉讼行为的坚定决心和诚信诉讼理念，有助于社会公众树立诚信诉讼意识。又如，在新疆某大学诉谢某人事争议案中，谢某享受国家对口支援政策由新疆某大学推荐到浙江某大学攻读博士学位，其在顺利毕业后却向新疆某大学提出辞职，到另一高校任教。法院认为："'师者，所以传道、授业、解惑也。'为人师者，应当笃信好学，弘扬诚信、敬业的社会主义核心价值观。立德树人是我国高校教育的根本任务，为人师表者应当遵守教师职业道德和规范操守，不能仅为追求个人利益而罔顾集体利益、社会利益，如长此以往将培养出更多的精致利己主义者，与社会主义核心价值观相背离。"[2] 在该案中，法院援引社会主义核心价值观对某些既享受了政策红利又不愿意履行相应义务的不诚信

---

[1] 《最高人民法院发布十起关于弘扬社会主义核心价值观典型案例之五：某卫视诉某公司等侵犯台标著作权案》，载北大法宝官网，http://www.pkulaw.cn/CLI.C.8420917，最后访问时间：2022年9月1日。

[2] 《最高人民法院发布第二批9起人民法院大力弘扬社会主义核心价值观典型民事案例之六：新疆某大学诉谢某人事争议案》，载北大法宝官网，http://www.pkulaw.cn/CLI.C.409730223，最后访问时间：2022年9月1日。

行为作出了否定性评价。

二是鼓励、支持、引导父母、子女、兄弟姐妹、祖孙之间和谐相处、共建和谐家庭，反对、避免亲属之间因利益心生间隙、反目成仇。父母、子女、兄弟姐妹、祖孙之间的关系不同于其他社会关系，处理不当易引起社会负面评价，法院将社会主义核心价值观融入司法审判有助于在法律构架内宣示价值立场。例如，在郑某1诉郑某2等共有纠纷案中，法院认为："郑某1、郑某2、郑某3、郑某4作为死者郑某某的子女，郑某2较他人在郑某某生前尽赡养义务较多，生病时前去照料护理，死后对郑某某尽心安葬，弘扬了中华民族孝敬老人的传统美德，其行为值得提倡与赞扬。同时，考虑本地办理同等规格丧葬事宜的农村风俗及支出标准，郑某2在用掉郑某3支出的3万元丧葬费外应确有其他合理费用支出，且其系农村居民，较其他兄弟姐妹经济条件较差，理应适当多分。"① 在该案中，法院对郑某2尽心赡养、照料护理、尽心安葬其父的行为予以了肯定，认为符合中华民族孝敬老人的传统美德，充分释明了郑某2多分遗产的正当性与合理性。

又如，在杨某1与杨某2撤销赠与纠纷案中，杨某1与杨某2系父子关系，杨某2因与其他兄弟姐妹发生矛盾，要求杨某1搬出其住所。法院经审理后认为："杨某1已将房屋产权人变更为杨某2，系杨某1夫妻将房屋共同赠与杨某2。2017年达成的《赡养父母的子女协议》中虽未涉及涉诉房屋，但其中已明确约定由杨某2主要负责杨某1夫妻二人生活起居。魏某某去世后，杨某2更应给予杨某1生活及精神上的慰藉，但其却要求杨某1搬出其住所，拒绝履行赡养义务，已符合撤销赠与

---

① 《重庆法院弘扬社会主义核心价值观典型案例（第一批）之六：郑某1诉郑某2等共有纠纷案》，载北大法宝官网，http://www.pkulaw.cn/CLI.C.311919475，最后访问时间：2022年9月1日。

的法定情形。因涉诉房屋原为杨某1夫妻共同财产，其中50%份额属于杨某1个人享有，对该部分赠与应予撤销。"① 在该案中，杨某2要求其父搬离受赠而来的房屋，这一行为既不符合赡养老人的传统美德，又违反了赡养老人的法定义务。因此，法院的判决旗帜鲜明地表明了对不赡养老人行为的反对态度，保护了老年人的利益，给违背承诺、不履行赡养义务的子女以警示，弘扬了社会主义核心价值观。

三是鼓励、支持、引导社会公众之间互帮互助，特别是邻居之间更应当友善互助、睦邻友好，反对冷眼旁观、见危不救。例如，在张某等诉杨某继承纠纷案中，杨某的父亲长期受到张某夫妇及其儿子的照顾，杨某的父亲将其房产遗赠给张某的儿子得到了法院的明确支持。② 在该案中，张某等长期照顾没有任何血缘关系的邻居的行为，在邻里关系不似往昔那般亲密的社会大背景下显得尤为珍贵。法院的判决将有助于互相关照、互相理解、和谐相处的社区建设。

又如，在黄某诉邵某隐私权纠纷案中，黄某和邵某是同一小区前后楼栋的邻居，黄某认为邵某在其入户大门上安装的可视门铃侵犯了其隐私权，要求拆除。法院经审理后认为："被告主观上无窥视原告方活动的故意，但综合考虑门铃的性能、安装位置，该门铃对原告的个人隐私确实构成现实威胁，原告所述的私人生活安宁受到侵犯并非没有依据，邻里关系也确实受

---

① 《天津高院2020年度弘扬社会主义核心价值观典型案例之六：杨某1与杨某2撤销赠与纠纷案》，载北大法宝官网，http://www.pkulaw.cn/CLI.C.311970873，最后访问时间：2022年9月1日。
② 《最高人民法院公布10起弘扬社会主义核心价值观典型案例之四：张某等诉杨某继承纠纷案》，载北大法宝官网，http://www.pkulaw.cn/CLI.C.8411557，最后访问时间：2022年9月1日。

到了影响。"① 在大数据时代，个人隐私保护成为社会公众关注的重点，利用智能设备提升了个人安全感及生活便利度无可厚非，但必须建立在尊重邻里隐私、弘扬友善团结、增进信任与理解、构建邻里和谐的基础上。

除了邻里要友善互助外，也鼓励、引导社会公众之间要互帮互助。例如，在某纸业公司与某保险公司保险合同纠纷案中，法院认为："赵某某并非某文化公司的员工，亦非对火灾负有法定职责或者义务的主体，其主动参与救火的行为符合社会主义核心价值观所弘扬的友善价值，在救火救灾中发扬了互帮互助的精神，故赵某某的主动救火行为应认定为在抢险救灾中维护公共利益的行为，该行为符合《雇主责任险保险单》中约定的关于'在抢险救灾等维护国家利益、公共利益活动中受到伤害'的赔付条件。"② 通过该案的裁判，对维护公共利益的行为予以认可和褒扬，有利于鼓励人们在现实生活中见义勇为、互帮互助，切实维护公共利益，传达了尊重生命、鼓励见义勇为的价值导向，对传承中华民族传统美德起到积极作用。

四是大力倡导讲文明树新风、做文明人、干文明事，大力推进生态文明建设、保护自然环境。例如，在李某某等人诉某村委会违反安全保障义务责任纠纷案中，村民因私自上树摘果坠亡向村委会索赔，最高人民法院明确指出："本案是人民法院依职权再审改判不文明出行人自行承担损害后果的案件。再审判决旗帜鲜明地表明，司法可以同情弱者，但对于违背社会

---

① 《上海市高级人民法院发布10起弘扬社会主义核心价值观典型案例之四：黄某诉邵某隐私权纠纷案》，载北大法宝官网，http://www.pkulaw.cn/CLI.CR.407934809，最后访问时间：2022年9月1日。

② 《广东省高级人民法院发布九个弘扬社会主义核心价值观典型案例之三：某纸业公司与某保险公司保险合同纠纷案》，载北大法宝官网，http://www.pkulaw.cn/CLI.C.410250190，最后访问时间：2022年9月1日。

公德和公序良俗的行为不予鼓励、不予保护,如果'谁闹谁有理''谁伤谁有理',则公民共建文明社会的道德责任感将受到打击。长此以往,社会的道德水准将大打折扣。本案再审判决明确对吴某某的不文明出行行为作出了否定性评价,改判吴某某对坠亡后果自行担责,倡导社会公众遵守规则、文明出行、爱护公物、保护环境,共建共享与新时代相匹配的社会文明,取得了良好的社会效果。"[①]村民私自上树摘果系不文明行为,产生伤亡固然令人惋惜,但不能据此作为索赔之依据。

公序良俗是文明价值的重要组成部分,是我国民商法律领域的重要原则,也是道德法律化的鲜明体现,构成了法院在司法审判中弘扬社会主义核心价值观的重要领域。例如,在范某1、范某2、范某3诉重庆龙赢市政建设有限公司、第三人范某4侵权责任纠纷案中,双方因骨灰安葬权由谁行使产生纠纷,法院认为:"骨灰作为死者亲友对死者寄托思念、表达孝心等特殊情感的载体,是具有人格因素的物质,但并非民法物权意义上的物,不能适用《民法典》关于所有权及共有等相关法律规定。关于骨灰的处置权归属,应当由近亲属共同行使,处理方式应当符合善良风俗……无论从感情生活的依赖程度、范某某后事处理以及骨灰保管的情况,还是从尊重历史、尊重事实的角度出发,认定范某4对范某某骨灰具有处置权更符合善良风俗。"[②]

此外,法院在司法审判中,牢固树立"绿水青山就是金山

---

① 《最高人民法院发布人民法院大力弘扬社会主义核心价值观十大典型民事案例之三:李某某等人诉某村委会违反安全保障义务责任纠纷案》,载北大法宝官网,http://www.pkulaw.cn/CLI.C.99810470,最后访问时间:2022年9月1日。

② 《重庆市高级人民法院发布10起弘扬社会主义核心价值观典型案例(第三批)之一:范某1、范某2、范某3诉重庆龙赢市政建设有限公司、第三人范某4侵权责任纠纷案》,载北大法宝官网,http://www.pkulaw.cn/CLI.C.405594562,最后访问时间:2022年9月1日。

银山"之理念,坚决维护好、保护好生态环境,为推进生态文明建设贡献法治力量。例如,在李某某污染环境罪刑事附带民事公益诉讼案中,被告人李某某因违反国家规定,指使他人排放含重金属污水,严重污染环境而受到刑事处罚。法院认为:"该案的审理对破坏环境的犯罪分子敲响了警钟,也为我市法院审理涉及环境修复费用的刑事附带民事公益诉讼案件提供了借鉴和参考,是生态文明建设理念在司法审判中的具体应用……及时依法地判决环境修复费用,切实贯彻了习近平生态文明思想,体现了社会核心价值观中的文明理念。"①

五是弘扬爱国主义精神、维护人民群众爱国情感,引导公众树立正确的历史观、民族观、文化观。爱国主义是家国情怀的重要体现,中国人民历来对自己的祖国、对养育自己的土地怀着崇敬、爱戴、依恋的情感,这种情感是接续传承的,由此也推动了中华民族在历史的潮流中不断绵延发展。在最高人民法院及部分高级人民法院发布的弘扬社会主义核心价值观的典型案例中,包含了英烈保护、当代英烈保护、尊重爱护国旗、红色经典保护等几个方面。例如,在董存瑞、黄继光英雄烈士名誉权纠纷公益诉讼案中,最高人民法院认为:"董存瑞、黄继光等英雄烈士的事迹和精神是中华民族共同的历史记忆和宝贵的精神财富。对英烈事迹的亵渎,不仅侵害了英烈本人的名誉权,给英烈亲属造成精神痛苦,也伤害了社会公众的民族和历史感情,损害了社会公共利益。互联网名誉侵权案件具有传播速度快、社会影响大等特点,该两案系全国首次通过互联网审理涉英烈保护民事公益诉讼案件,明确侵权结果发生地法院对互联网民事公益诉讼案件具有管辖权,有利于高效、精准打击

---

① 参见李某某污染环境罪刑事附带民事公益诉讼案,天津市北辰区人民法院 (2019) 津 0113 刑初 360 号刑事判决书。

利用互联网侵害英雄烈士权益不法行为,为网络空间注入尊崇英雄、热爱英雄、景仰英雄的法治能量。"① 该案表明,英雄烈士名誉不容诋毁。在刘某某侮辱国旗案中,被告人刘某某在公共场合故意以焚烧方式侮辱中华人民共和国国旗,其行为构成侮辱国旗罪。重庆市高级人民法院认为:"中华人民共和国国旗是中华人民共和国的象征和标志。每个公民和组织,都应当尊重和爱护国旗……酒后为发泄个人私愤,在市民活动广场焚烧国旗,其行为性质恶劣,社会负面影响较大。人民法院充分发挥审判职能,在司法裁判中大力弘扬社会主义核心价值观,依法惩治公共场合故意焚烧国旗的犯罪行为,取得了较好的法律效果和社会效果。"② 该案表明,爱国主义精神的维护不仅体现在革命英烈、当代英烈名誉的维护上,还体现在具有国家象征和标志的具体物品上,任何个人和单位都不得以任何理由予以侵害。

二、社会主义核心价值观融入司法审判典型案例具有规则引领功能

社会主义核心价值观融入司法审判的典型案例除了价值导向作用外,还有规则引领作用。我国虽不是判例法国家,但不可否认的是,案例特别是最高人民法院和部分省(自治区、直辖市)高级人民法院发布的典型案例在司法实践中所发挥的作用越来越不可忽视,形成了司法适用的某些具体规则,这些规

---

① 《最高人民法院发布人民法院大力弘扬社会主义核心价值观十大典型民事案例之一:杭州市西湖区人民检察院诉瞿某某侵害烈士名誉权公益诉讼案》,载北大法宝官网,http://www.pkulaw.cn/CLI.C.99810468,最后访问时间:2022年9月1日。

② 《重庆市高级人民法院发布10起弘扬社会主义核心价值观典型案例(第三批)之九:刘某某侮辱国旗案》,载北大法宝官网,http://www.pkulaw.cn/CLI.C.405594573,最后访问时间:2022年9月1日。

则成为各级人民法院在审理类似案件时的重要参考。具体来说，这些规则大致可划分为以下几类：

一是指导某些新规则、新审理方式的具体适用或者新型纠纷的解决。例如，在董存瑞、黄继光英雄烈士名誉权纠纷公益诉讼案中，法院"首次通过互联网审理涉英烈保护民事公益诉讼案件，明确侵权结果发生地法院对互联网民事公益诉讼案件具有管辖权"①。在韦某某与张某某生命权、身体权、健康权纠纷上诉案中，《民法典》首次从法律层面将自甘风险规则确定为阻却违法性事由。二审法院经审理后认为："篮球比赛具有高度对抗性和风险性，很难要求参赛者每个动作都经过慎重考虑，应将参赛者的注意义务限定在较一般注意义务更为宽松的范围内。"②在该案中，参加篮球比赛是一种自甘风险行为，该案的裁判也打破了"有损必有赔"的思维模式，避免脱离事实情况和法律原意的"过度"平衡。在王某某非法提供试题案中，王某某作为出题人，明知刘某某的请求目的，在其位于地理科学院的办公室内，向刘某某口述了涵盖部分考试试题的相关内容。③《刑法修正案（九）》首次将考试作弊行为纳入刑法规范体系，旨在保护国家正常的考试管理秩序以及考生公平的考试竞争权。在该案中，王某某向刘某某提供考试内容，严重损害考试的公

---

① 《最高人民法院发布人民法院大力弘扬社会主义核心价值观十大典型民事案例之一：杭州市西湖区人民检察院诉瞿某某侵害烈士名誉权公益诉讼案》，载北大法宝官网，http://www.pkulaw.cn/CLI.C.99810468，最后访问时间：2022年9月1日。

② 《上海市高级人民法院发布10起弘扬社会主义核心价值观典型案例之三：韦某某与张某某生命权、身体权、健康权纠纷上诉案》，载北大法宝官网，http://www.pkulaw.cn/CLI.C.407934809，最后访问时间：2022年9月1日。

③ 《重庆市高级人民法院发布10起弘扬社会主义核心价值观典型案例（第三批）之八：王某某非法提供试题案》，载北大法宝官网，http://www.pkulaw.cn/CLI.C.405594571，最后访问时间：2022年9月1日。

平性，触犯了非法提供试题罪。又如淮安谢勇烈士名誉权纠纷公益诉讼案是《英雄烈士保护法》实施后全国首例适用该法进行审判的案件，是以检察机关提起公益诉讼方式保护当代消防英烈名誉、维护社会公共利益的典型案例。最高人民法院及各高级人民法院将这些案件列为弘扬社会主义核心价值观典型案例，不仅为地方各级法院审判同类型案件提供了思路借鉴，同时也提供了审理的规则指引。

二是进一步明确某些法律规则的司法适用。以"安全保障义务"为例，《民法典》第1198条第1款规定："宾馆、商场、银行、车站、机场、体育场馆、娱乐场所等经营场所、公共场所的经营者、管理者或者群众性活动的组织者，未尽到安全保障义务，造成他人损害的，应当承担侵权责任。"如何理解"未尽到安全保障义务"对该条规定的正确适用至关重要。以往该条款的适用过度追求"平衡"，导致相关当事人合法权益受损。但是，最高人民法院、各省（自治区、直辖市）高级人民法院发布的弘扬社会主义核心价值观典型案例表明，安全保障义务的适用应当有一定的边界，不能随意扩大理解。在周某1等诉重庆市铜梁区二坪镇人民政府等侵权责任纠纷案中，法院认为："老虎口瀑布作为免费向社会公众开放的非封闭性自然区域，并非经营性景区，二坪镇政府、狮子村村委会亦未在此处从事经营性活动，停车费5元是针对车辆收取的修建停车场必要成本费用，因而不能苛求管理者履行安全保障义务的标准和程度高于经营性公共场所。二坪镇政府在河道边间断地设置禁止下河游泳、戏水的警示标志，其已尽到合理安全保障义务。"[1]在该案

---

[1]《重庆市高级人民法院发布10起弘扬社会主义核心价值观典型案例（第二批）之七：周某1等诉重庆市铜梁区二坪镇人民政府等侵权责任纠纷案》，载北大法宝官网，http://www.pkulaw.cn/CLI.C.405705316，最后访问时间：2022年9月1日。

中，周某虽因施救行为导致自己不幸溺水身亡，令人惋惜，但这并不意味着二坪镇政府未尽到安全保障义务。在前文提及的村民私自上树摘果坠亡索赔案中，尽管法律明确规定公共场所的管理人或者群众性活动的组织者，未尽到安全保障义务，造成他人损害的，应当承担侵权责任。但该案再审表明："安全保障义务内容的确定应限于管理人的管理和控制能力范围之内。"[①]

三是对社会公众广泛关注案件予以正面回应，明确"扶不扶""救不救""孝不孝""劝不劝""帮不帮"等敏感案件的司法适用规则。例如，在小兰诉舞蹈中心等生命权、健康权、身体权纠纷案中，法院认为："在小兰下腰起身困难时，小玲出于善意自发前去帮助，既无伤害故意，也无相应的认知能力，不应承担赔偿责任。舞蹈中心未能尽到监督、管理、保护职责，致使事故发生，应承担责任。"[②] 在该案中，5岁的小玲出于好意帮扶同学，本身并无过错，应予充分肯定并得到法律保护。通过该案的裁判既弘扬了互助友爱的中华传统美德，也旗帜鲜明地给出了"扶不扶"的正确答案。

又如，在消防通道停车劝阻猝死案中，法院认为："徐某车辆停放位置不当，袁某对其进行劝阻，该行为并无不当。双方为此发生口角，持续时间很短，过程中未发生任何肢体冲突，袁某的劝阻行为未超出必要限度。袁某没有侵害徐某生命权的主观故意或过失，其劝阻行为与徐某的死亡也不存在法律上的

[①] 《最高人民法院发布人民法院大力弘扬社会主义核心价值观十大典型民事案例之三：李某某等人诉某村委会违反安全保障义务责任纠纷案》，载北大法宝官网，http://www.pkulaw.cn/CLI.C.99810470，最后访问时间：2022年9月1日。

[②] 《江苏省高级人民法院发布十件弘扬中华优秀传统文化典型案例之二：小兰诉舞蹈中心等生命权、健康权、身体权纠纷案》，载北大法宝官网，http://www.pkulaw.cn/CLI.C.324568314，最后访问时间：2022年9月1日。

因果关系。"① 在该案中，袁某的劝阻行为具有正当性，是弘扬社会主义核心价值观的体现。在司法实践中，不能因为发生了伤亡情形就"和稀泥"，在认定行为人是否承担侵权责任时，除了要关注客观行为和损害后果，更要考察行为人是否有主观过错，以及行为与损害后果之间是否具有法律上的因果关系。通过该案的裁判，不仅是对侵权责任与否的准确认定，更是对老百姓实施正义行为的鼓励，对构建和谐社会和弘扬社会主义核心价值观同样具有重要意义，旗帜鲜明地表明了法院对"劝不劝"的态度。

第二节 社会主义核心价值观融入司法审判的意义

党的十八大以来，以习近平同志为核心的党中央明确提出推进国家治理体系和治理能力现代化，这是中国特色社会主义进入新时代的必然要求。作为国家治理体系的重要方面，人民法院改革应注重通过提升司法审判的公信力、正义感，进而在社会治理中发挥规范引导和价值导向作用。社会主义核心价值观融入司法审判是实现公正司法、加快法治社会建设的途径之一。② 司法审判作为社会主义核心价值观融入法治建设的重要一环，具有定分止争的功能，而引发法律诉争的社会纠纷多半是与公民生产生活联系密切的事件，其背后必然包含公共政策、③

---

① 《上海市高级人民法院发布10起弘扬社会主义核心价值观典型案例之二：浦某等与袁某侵权责任纠纷案》，载北大法宝官网，http://www.pkulaw.cn/CLI.C.408016758，最后访问时间：2022年9月1日。

② 刘雷：《论社会主义核心价值观融入司法裁判的路径研究——基于实证分析的争权性考量》，载《法律方法》2021年第2期。

③ 孟融：《中国法院如何通过司法裁判执行公共政策——以法院贯彻"社会主义核心价值观"为分析对象》，载《法学评论》2018年第3期。

社会道德、价值观念、意识形态等内容。社会主义核心价值观融入司法审判，一方面能够对司法产生引领作用，以确保其以人民利益为中心的政治方向，同时使司法审判做到情、理、法的统一，增强司法的说服力，达到服判息诉、实现公正司法的目的；另一方面这是人民法院践行社会主义核心价值观的重要途径，有利于弘扬和培育社会主义核心价值观，能够有效实现司法的政治功能。

一、有利于贯彻执行公共政策

社会主义核心价值观是中华民族优秀传统文化和人类文明优秀成果相承接的价值目标、价值取向、价值准则，而且体现了社会主义意识形态的本质要求，具有价值引领、社会整合、主体建构等意识形态功能，凝聚起建设中国特色社会主义事业的"精气神"。[1]在司法审判贯彻"社会主义核心价值观"的诸多案例中，其中包含弘扬民族精神、捍卫英模精神的典型案例。人民法院在审理该类案件中有力维护了英雄烈士的光荣形象，制止、否认了质疑、侮辱英烈的不当行为，判决中体现了"社会主义核心价值观"中所包含的维系国家认同的公共政策因素。[2]例如，在"董存瑞、黄继光英雄烈士名誉权纠纷公益诉讼案"中，法院经审理后认为："英雄烈士是国家的精神坐标，是民族的不朽脊梁。英雄烈士董存瑞在解放战争中舍身炸碉堡，英雄烈士黄继光在抗美援朝战争中舍身堵枪眼，用鲜血和生命谱写了惊天动地的壮歌，体现了崇高的革命气节和伟大的爱国

---

[1] 冯玉军：《把社会主义核心价值观融入法治建设的要义和途径》，载《当代世界与社会主义》2017年第4期。

[2] 孟融：《中国法院如何通过司法裁判执行公共政策——以法院贯彻"社会主义核心价值观"的案例为分析对象》，载《法学评论》2018年第3期。

精神。"①

在"淮安谢勇烈士名誉权纠纷公益诉讼案"中,被告曾某利用微信聊天群,发表带有侮辱性质的不实言论,歪曲烈士谢勇英勇牺牲的事实。因该微信群成员较多且易于传播,被告的此种行为对谢勇烈士不畏艰难、不惧牺牲、无私奉献的精神造成了负面影响,已经超出了言论自由的范畴,构成了对谢勇烈士名誉的侵害。该案件通过释法说理匡扶正义,传播社会正能量,弘扬时代主旋律,对营造崇尚英烈、敬重英烈、捍卫英烈精神的社会环境以及引导公众树立正确的历史观、民族观、文化观起到了积极作用。这些典型案例,能够明显反映出法院通过司法审判来贯彻维系意识形态中的民族精神,凝聚对国家共识、民族共识的认同。在上述案件的裁判文书中,可以发现法院对"社会主义核心价值观"及"公共利益"进行了解释,从而实现了对维系国家认同公共政策的贯彻执行。第一,从"社会主义核心价值观"以及"公共利益"的范围来看,董存瑞、黄继光烈士代表着一种民族精神与民族气节。这一民族精神指的是中华民族在抵御外来侵略者时的"大无畏牺牲精神",这一民族气节指的是中华民族"坚贞不屈"的民族气节。第二,从"社会主义核心价值观"以及"公共利益"的生成方式来看,一方面,其是在历史的过程中形成的,具有历史的延续性;另一方面,这一历史记忆是在中国共产党的领导之下,经由国家正式确认的,因此,其具有一定的合法性与正当性。因此,最高人民法院将那些反映民族英雄、英模精神的案件作为典型案例发布,一方面是对英雄烈士名誉的维护,另一方面体现人民法

---

① 《董存瑞、黄继光英雄烈士名誉权纠纷公益诉讼案——杭州市西湖区人民检察院诉瞿某某侵害烈士名誉权公益诉讼案》,载中国法院网,https://www.chinacourt.org/article/detail/2020/05/id/5214644.shtml,最后访问时间:2022年9月1日。

院从把握时代主旋律的角度对凝聚中华民族精神共识亮明了立场、辨明了方向。

二、有利于司法引领社会风尚

首先，从最高人民法院公开发布的关于弘扬社会主义核心价值观典型案例来看，一些案例反映出维护社会团结、稳定、和谐的公共政策因素。这些案例领域主要集中在家庭美德、社会公德、公序良俗、友善互助等方面。法院对这些案件的裁判结果，不仅贯穿了社会主义核心价值观，同时也将引领社会道德风尚的公共政策因素具体化为家庭和睦、尊老爱幼等一系列命题。例如，在2016年3月10日最高人民法院发布的典型案例"刘某诉刘某某、周某某共有房屋分割案"中，刘某某、周某某为了改善家庭生活条件，与二人婚生女刘某共同购买商品房，房款的大部分份额由刘某某、周某某承担，并约定刘某享有该房屋90%的产权，其余部分产权由刘某某、周某某平均享有。后因房子装修事宜不能达成一致意见，刘某为满足自己的私欲，意图将房屋产权变成其单独所有，因协商不成将其父母告上法庭。对于刘某的诉求，人民法院经审理后认为："原告刘某为了自己个人的装修喜好，在得不到父母支持的情况下，企图让父母将二人占有的产权份额转让给自己，从而达到完全占有房屋的目的。该行为不仅没有法律依据，更是伤害了父母的感情，损害了他们的合法财产，对于刘某的诉讼请求，依法不予支持。"[1]

当下的年轻人，大多数是独生子女，是受到长辈宠爱的一

---

[1] 《最高人民法院发布人民法院大力弘扬社会主义核心价值观典型案例》，载搜狐网，https://www.sohu.com/a/62740062_117927，最后访问时间：2022年9月1日。

代,父母愿意倾尽所有来呵护自己的孩子,竭尽所能提供最好的物质条件让子女过着舒适的生活。然而,有些子女没有意识到要有反哺之义,没有意识到要去传承孝道文化,只会接受父母的疼爱,而没有承担孝敬父母、体贴父母的责任。就如同在本案中,原告没有合理的事由,就要通过法律程序转让父母所有的房屋份额给自己,这样的行为就是与传统孝道文化、传统美德相悖,不值得提倡。人民法院通过判决纠正此类风气具有传承良好风尚的意义。

在"何某1诉杜某某物权保护纠纷案"①中,在何某14岁时,基于其祖父、祖母的关爱,两位老人将案涉房屋赠与何某1。一年后,何某1的父母因感情破裂,解除了婚姻关系,何某1由其母亲伍某抚养,与其一起生活。然而没过多久,何某1及其法定代理人伍某向人民法院起诉,请求法院判决杜某某搬出其赠与何某1的房屋,使何某1享有完整、排他的占有该房屋的权利,并支付相应的租金。按照法律规定,房屋产权人有权根据物权保护的法律规定行使自己的物权请求权。何某1作为案涉房屋的产权人,他有权根据物权保护的法律规定行使自己的物权。然而,深究该房屋的来源,并不能简单地依照法律进行机械的息诉处理,而要综合考虑原告、被告之间的近亲属关系以及杜某某的生活状况。从梳理案件的赠与行为来看,何某2、杜某某基于祖孙关系,将两人重要的生活资产赠与孙子何某1,是为了在两人去世后能给孙子一些情感寄托和生活上的帮助。从杜某某的生活状况来看,该房屋是她唯一的居所,且祖孙长期在案涉房屋中共同生活。然而,何某1在取得房屋不到

---

① 《最高人民法院发布人民法院大力弘扬社会主义核心价值观十大典型民事案例之一:何某1诉杜某某物权保护纠纷案》,载黑龙江高级人民法院官网,http://www.hljcourt.gov.cn/public/detail.php?id=34586,最后访问时间:2022年9月1日。

一年后就起诉奶奶要求其搬出案涉房屋。从家庭美德、尊老爱幼以及公序良俗角度来评价此种行为，显然是有悖于中国社会传统的人常伦理，不被社会大众所理解和包容，此种行为不仅不尊重自己的长辈，还强人所难。被告年近60岁且丈夫已经离世，此时其更需要得到家人的关心、关爱，而不是亲人的冷漠和自私。因此，法院经审理后认为，何某1要求杜某某腾退房屋的诉求缺乏法律依据，不应予以支持，判决驳回何某1的全部诉讼请求。"百善孝为先，孝为德之本。"孝顺是中华民族的优秀传统美德，是中华民族生生不息的精神传承。孝道文化具体表现形式是长辈和晚辈之间的最自然、最纯粹的疼爱和关爱，是本能的情感的自然表达。人民法院在审理该案过程中，综合考虑了案件中不动产权属的变动情况、当事人的身份关系以及居住情况等因素，在说理部分积极运用社会主义核心价值观中关于和谐、友善、法治的价值观念解析案情，指引当事人对自己的行为进行理性思考。该案件不仅体现了法律是良法的善治，还表达了法治对尊老敬老的传统优秀文化的价值保护和引导，对人民群众善良本性的尊重和保护。该典型案例对维护家庭孝道文化和社会稳定具有促进作用，值得推广。

其次，关于"维护法律和公共利益的行为"的案件，也是法院通过司法审判贯彻"社会主义核心价值观"的重点。例如，在"医生电梯内劝阻吸烟案"中，医生杨某在电梯内劝阻他人吸烟，后吸烟人因心脏病突发死亡，死者家属起诉要求杨某承担赔偿责任，一审判决杨某承担15 000元的补偿责任，原告不服，提起上诉。本案一度成为社会公众高度关注的民事案件，引起网络上关于社会道德滑坡问题的讨论。二审改判驳回原告诉讼请求的积极意义在于，司法审判对自觉维护社会公共秩序的行为（如劝阻吸烟）予以充分的肯定，鼓励整个社会积极主动地制止社会不良行为，有利于传播社会正能量，弘扬正确社会价值观，引领社会风尚。

再次，通过司法审判树立行为规则、引领社会风尚也是法院通过司法审判贯彻"社会主义核心价值观"的关键。如"朱某某追赶交通肇事逃逸者案"，本案的典型意义在于，明确了公民因履行道德责任而产生的损害不符合刑法上的犯罪构成要件。本案中，原告追赶的行为是为了制止违法行为，是其作为一个公民应尽的社会责任，是典型的见义勇为，该行为值得肯定和表扬，因此其行为不属于刑事犯罪的构成要件。法院经审理认为："交通肇事发生后，车辆驾驶人应当立即停车、保护现场、抢救伤者，故张某某肇事逃逸的行为构成违法，朱某某作为普通公民，发现违法行为，挺身而出，予以制止，属于见义勇为。"① 近年来，各种利益冲突引发一定的道德风险，多元化的价值之间进行博弈和冲突，新型案件的不断增多要求人民法院运用多样的审判方式和说理手段去平衡各种利益冲突以及树立正确的行为规范。例如，医生电梯内劝阻吸烟案、小区保安陪同送医案、救助老人压断肋骨案中某些基于社会责任等道德因素作出的行为导致的不利后果，不应成为法律的惩罚对象，而人民法院通过对这些案件的处理，为那些彰显社会正义的行为进行证明，对见义勇为等行为旗帜鲜明地予以支持和鼓励，消除道德风险，纠正错误的伪法治思维，以公正审判树立行为规则，切实担负起引领社会主流价值和行为模式的责任。

最后，树立正确价值导向的公共政策因素，还体现在法院对诚实守信、爱岗敬业类案件的裁判之中。例如，在"新疆某大学诉谢某人事争议案"中，原告谢某通过享受对口支援政策

---

① 《2018年度人民法院十大民事行政案件朱某某追赶交通肇事逃逸者案》，载中国法院网，https://www.chinacourt.org/article/detail/2019/01/id/3707193.shtml，最后访问时间：2022年9月1日。

入学深造，由新疆某大学推荐到浙江某大学攻读博士学位。谢某毕业后向新疆某大学提出辞职，拒回原单位工作。新疆某大学起诉谢某，要求其承担提前离职的违约金29万余元。法院经审理认为："谢某利用国家对西部的倾斜照顾政策由新疆某大学推荐录取，其在毕业后没有按照约定回原单位履行培养协议中约定的义务，而选择离职违约的行为，构成法律上的违约行为，其行为也违背了社会主义核心价值观中的诚实守信的价值导向。"[1]因此，法院的判决支持新疆某大学的诉讼请求，责令谢某向新疆某大学支付其提前离职的违约金。本案的典型意义在于对诚实守信价值观的生动诠释，也是人民法院在服务国家发展大局、维护科教兴国政策有效开展的重要抓手。为解决民族地区、西部欠发达地区人才紧缺问题，国家出台了一系列人才优惠政策，例如，对入职这些地方的员工，政府通过人才引进计划与很多知名高校进行培养合作，降低员工入学门槛，给予他们提升自己学历的机会，从而有利于他们在学成之后更好地服务当地的经济社会发展。而有的员工在享受完低门槛入读名校后却"另起炉灶"，不愿回到服务地工作。该类行为实在有违初心，这些行为不仅违反了与原单位的合同约定，也有违诚实信用的价值观，对国家政策执行起到了不好的示范作用，也散布着一种利己的不良风气。

三、有利于发挥司法的权利保障功能

个体权利的保障，是人民法院贯彻以人民为中心发展理念的重要举措。法院在对该类案件进行审判时，往往会体现出保

---

[1] 《最高人民法院发布大力弘扬社会主义核心价值观典型案例（第二批）》，载中国法院网，https://www.chinacourt.org/article/detail/2022/07/id/6782958.shtml，最后访问时间：2022年9月1日。

护弱势群体的司法原则。例如,在最高人民法院发布的弘扬社会主义核心价值观典型案例"邓某某诉某速递公司、某劳务公司一般人格权纠纷"[①]中,体现了人民法院纠正就业性别歧视的价值引领。在本起案件中,被告某速递公司经过面试环节,且安排邓某某在其公司试工了两天后,双方均有意向签订劳动合同,邓某某也按照公司要求进行了入职体检。但之后某速递公司却对上述录用合意表示不认可,并作出拒绝录用邓某某的决定,该速递公司的行为构成法律上禁止的就业性别歧视。经审理后,法院认为,用人单位以性别原因拒绝录用应聘者侵犯了应聘者享有的法定的平等劳动权,因此侵权行为而给应聘者造成的损失要予以赔偿,若用人单位的侵权行为在客观层面给应聘者造成了一定的精神损害,那么,应聘者有权向该用人单位主张精神损害抚慰金,具体抚慰金的数额可根据用人单位的过错程度以及应聘者实际受到的损害酌定。该案例的典型意义在于法院通过审理该类型的案件,认定存在就业性别歧视的单位侵害他人平等就业权,通过判决让其承担相应的违约责任和赔偿责任,展现了法律对劳动者保护的落脚点在于实实在在的司法审判中,营造出法治、公平、和谐的就业氛围。同时,人民法院通过公布此类案件能够让保护平等就业的法律、法规运用在实际的社会生活中,也震慑了部分企图实施就业性别歧视的企业,起到规范、引导的良好作用。

此外,人民法院对未成年人的保护也体现了对个体权利的

[①] 《最高人民法院发布弘扬社会主义核心价值观典型案例之九:邓某某与某速递公司、某劳务公司一般人格权纠纷案》,载中央政府网,http://www.gov.cn/xinwen/2016-08/23/content_5101442.htm,最后访问时间:2022年9月1日。

保护。在"困境儿童指定监护人案"[①]中，绍某某在幼时，其母亲便外出不归，其父绍某1在绍某某满月后将其送至大姑母绍某2家中，跟绍某2一家共同生活。2013年，绍某2的丈夫和绍某1相继去世。绍某2自身无固定生活来源，且不幸患有严重眼疾，该家庭已无继续照顾绍某某的人力和物力条件。绍某某的小姑母绍某3将其接回家中一起生活。后绍某3因工作繁忙对绍某某的生活疏于照顾，致使绍某某长期处于无人监管的流浪状态。在发现绍某某无人监管的情况下，柳州市救助站、柳州市儿童福利院先后收留、照顾绍某某的生活。为了使绍某某的生活归于稳定、合法权益得到保障，当地政府启动法律程序为其确认监护人。当地政府组织民政部门、儿童福利院、街道社区进行讨论商议，出于保护未成年人合法权益、保持其生活稳定等方面考虑最终决定绍某某合法监护人为柳州市儿童福利院，并向法院提交了书面的指定监护人申请书。由于本案的特殊性，检察机关也参与到本案中。为使困境儿童能够从破碎的家庭中走出来，获得跟普通孩子一样的生活、学习环境，人民法院主动发挥司法服务职能，启动法定程序为困境儿童指定监护人，进一步展示了司法的温度和社会大爱。

综上，从最高人民法院发布的一系列关于弘扬社会主义核心价值观的典型案例来看，部分案例生动展示了司法审判对公共政策的贯彻执行，部分案例反映出司法审判引领社会风尚的责任和担当，部分案例反映了人民法院对公民权利的保护力度，特别是针对部分弱势群体启动了特殊法律程序，尽可能地保护好个体的法律权利，更好地体现了司法能动性。

[①]《最高人民法院发布弘扬社会主义核心价值观典型案例之十：困境儿童指定监护人案》，载澎湃新闻，https://www.thepaper.cn/newsDetail_forward_7679365，最后访问时间：2022年9月1日。

第四章

社会主义核心价值观融入司法审判的现实困境

"与时俱进的立法都善于利用目的性条款和原则性规范，放松对'规则之治'的恪守，积极回应道德要求。法律所遵循原则的根本性与导向性，通过社会主义核心价值观的理论高度体现出来。"[1] 司法审判同样应当如此。《社会主义核心价值观融入释法说理的指导意见》第 7 条就明确要求，多种价值观在案件中均有所体现的，法官确定适用具体价值取向时，应当遵循立法精神与法律原则，同时在判决书中详细论述依据及选择理由。该条文反映出，在审判过程中，遇到有价值冲突的情形，应当将社会主义核心价值观作为衡量案件价值的最后一道屏障，通过对案件中涉及的多种类价值分析、权衡，得出裁判理由。这对于社会主义核心价值观的位置定位，也与在个案审判中，权衡多元价值时应当遵循的普遍性要求相一致。在法律原则的谱系和层次中，法律原则越具有普遍性，就越能够成为更高级的权衡标准，也就与多元价值更为符合。对于社会主义核心价值观来说也是如此：多元整合的价值体系，通过社会主义核心价值观体现出来，从而进一步强化了诸多多元价值观之间的贯通与整合，也就更适宜作为一种高层次的标准，运用于个案评判。司法审判中，社会主义核心价值观有着极为重要的规范本源性地位。然而，现阶段，社会主义核心价值观融入司法审判并未有完善的制度机制，这就导致在司法审判中融入社会主义核心价值观时，纷繁复杂的问题日益凸显。

---

[1] 陈融：《社会主义核心价值观入法的理论基础、现实需求及实现路径》，载《毛泽东邓小平理论研究》2018 年第 10 期。

第一节　社会主义核心价值观内涵泛化

一、不同价值观适用边界模糊

社会主义核心价值观由国家、社会和个人三个层次构成，每一层次包含四组具体价值，并各自在相对确定的范围内适用。但由于社会主义核心价值观是层层递进关系，边界较模糊，会存在相互关联、交叉重叠的部分。此外，一个案件也非常有可能会涉及多种价值取向。因此，个案究竟适用何种价值就必须要求法官作权衡与取舍。价值的权衡与取舍当然不能仅凭法官根据经验法则来判定，否则就容易导致司法实践中同类案件援引不同价值来释法说理，以及某些案件援引价值不够恰当的情况。社会主义核心价值观的具体价值适用边界亟须厘定，特别是一些比较相近或者关联度比较大的价值。例如，"和谐"价值和"友善"价值、"自由"价值和"诚信"价值、"法治"价值和其他价值、"文明"价值和"和谐""友善"价值等，当前，它们各自适用的边界仍不明确。

只有准确把握社会主义核心价值观的真实内涵及其代表的性质，才能在案件裁判中有原则、有规矩地运用社会主义核心价值观。与此相反，在实际审判中，不同的法官之间对于社会主义核心价值观内涵与性质的理解存在不同见解。其一，各个裁判主体在理解社会主义核心价值观时，有不同观点。国家层面、社会层面以及公民层面共同构成了完整的社会主义核心价值观，国家层面价值包含"富强、民主、文明、和谐"，社会层面价值则由"自由、平等、公正、法治"构成，对公民行为的要求为"爱国、敬业、诚信、友善"。与此同时，部分社会主义核心价值观，如"富强""和谐"，其只能作为行为的目标或者结果，并不当然是行为规范。而"平等""公正"等，是可以作为追求的目标与结果，或是行为准则存在的。从功能属性上讲，社会主义核心价值观之间具有差异性与复杂性。① 这一问题的出现，便导致审判部门在实际工作中，不同主体之间未能精准适用，存在不同理解，就会产生在运用社会主义核心价值观时，对某一价值观延伸运用的问题。

除此之外，其他相似概念与社会主义核心价值观的内涵存在混淆。其中，中华传统美德与社会主义核心价值观的关系较为典型。个别法官在裁判说理时，会将中华传统美德作为社会主义核心价值观的上位概念，适用于该判决；也有部分法院，将上述二者并用。由此可知，裁判主体在运用社会主义核心价值观与中华传统美德时，并未加以区分，影响了对社会主义核心价值观内涵理解的准确性。

二、对社会主义核心价值观的本质理解不一致

社会主义核心价值观不仅仅是国家意志与集体的价值观，更是公民在活动时的行为准则与标准。② 司法审判中，社会主义核心价值观被审判机关直接适用或间接适用，单一价值观适用或多个价值观共同适用，这些适用方式的不同一定程度上反映出不同主体对社会主义核心价值观性质理解存在差异。其一，审判主体在运用社会主义核心价值观时，将其视为价值衡量尺度，在裁判说理时，用于评价行为或是宣扬价值。在一些案件中，法官在具体案情分析时，不运用社会主义核心价值观进行论证，而是将其适用于价值的宣传，以此来宣示审判机关的立场。其二是将涉及社会主义核心价值观的法律法规与其他法律规范交织使用，从

---

① 杨登峰：《核心价值观"诚信"融入法治政府建设的几个问题》，载《南京师大学报（社会科学版）》2018年第5期。

② 刘福金：《社会主义核心价值观对法治政府建设的启示》，载《人民论坛》2016年第25期。

而实现释法说理的目的。如《民法典》第1条规定:"为了保护民事主体的合法权益,调整民事关系,维护社会和经济秩序,适应中国特色社会主义发展要求,弘扬社会主义核心价值观,根据宪法,制定本法。"其三是将非正式法源与社会主义核心价值观结合使用,或是将其作为解释正式法源的依据,这样在某种程度上,社会主义核心价值观被视为一种非正式法源。

第二节 社会主义核心价值观融入司法审判的方式不明确

一、社会主义核心价值观适用方式难以统一

审判主体在司法审判中准确融入社会主义核心价值观的能力有待提升。准确把握法律规范与社会主义核心价值观的内在关联,是法院准确适用的重要环节。部分判决书中,法官未对社会主义核心价值观进行解释说明,进而致使各个层面的社会主义核心价值观混用,例如,国家层面的"和谐"与个人层面的"友善"混淆;将社会主义核心价值观与其他法源复合适用,共同构造裁判依据,变相作为正式法律渊源。此外,部分法官虽然在撰写裁判文书时将个人对于社会主义核心价值观的理解融入说理部分,但是由于表述方式不当,往往把"说理"演变成"说教",此类裁判文书在结合社会主义核心价值观进行论述时,会使用感情强烈、用语激昂的反问,或者在说理时设立了过高的道德标准,使得裁判文书的可接受度降低,与预期的说理效果还有一定差距。《社会主义核心价值观融入释法说理的指导意见》提出深入推进社会主义核心价值观"融入"裁判文书释法说理,"融

入"二字意味着在遵循原有释法说理轨迹的基础上,增加新的说理渊源,也即法官在审理案件时需要积极主动探寻案件事实、法律适用与社会主义核心价值观三者的结合点和落脚点,并据此展开释法说理。从说理的类型上看,法律理由可以分为说明性理由和证成性理由,前者用以提供解释性理由,强化裁判依据,后者用以提供根据性理由,说明裁判依据。法官需要将社会主义核心价值观作为说明性理由,运用文义解释、目的解释等解释方法,真正将社会主义核心价值观与裁判依据、裁判进路、裁判效果等融合,进一步增加裁判的公正性、透明性和可接受性。考虑到案件情况的多样性和法官释法说理能力的差异性,《社会主义核心价值观融入释法说理的指导意见》第5条至第7条列举了释法说理的三种情形,第9条列举了释法说理的四种解释方法,这些规范不是给法官套上"紧箍咒",而是给了法官"指挥棒",具体怎么写、怎么说,仍然需要法官结合具体案情,按照法律解释方法和证据规则,有针对性地展开剖析论述,既没有"现成模板"可供照搬照抄,也不能是"千篇一律"的表述方式。

笔者在整理裁判文书时发现,个别审判者在引用社会主义核心价值观时,存在以社会主义核心价值观论述取代法律证成的情况。"以事实为依据,以法律为准绳"是裁判者在审理案件时的基本遵循,在民事案件中也应当如此。裁判文书论述要以民事法律规范为大前提,以具体案件中的事实为小前提,经过内部证成,得出结果。但事实上是,个别裁判者存在未引用相应法律规范,而直接将社会主义核心价值观作为个案价值判断的指引,也就是直接引用社会主义核心价值观,作为裁判依据进行判决的情况。此现象在涉及家事审判的案件中尤为明显。

二、社会主义核心价值观的具体适用边界较为模糊

第一,直接把社会主义核心价值观等同于法律原则进行使

用。社会主义核心价值观包含了道德的内容，一些法官将社会主义核心价值观等同于中华民族传统美德，将其作为"包治百病"的灵丹妙药直接适用，造成了"法律规则逃逸"的现象。规则逃逸，是指有可适用的法律规则而不适用，却主要运用社会主义核心价值观作为裁判依据。《最高人民法院关于加强和规范裁判文书释法说理的指导意见》将裁判文书的说理区分为"裁判依据"与"说理依据"。裁判依据是指成文的法律法规或者司法解释等法律条文，说理依据涉及的范围更广，除了法律解释方法之外，法理、道德、村规民约、学术观点等都可以作为说理的内容，社会主义核心价值观应归属于"说理依据"而非"裁判依据"。但在司法实践中，出现了很多有法律规则不适用而直接把社会主义核心价值观作为裁判主要依据的现象。如一些借款纠纷案件，裁判说理部分只简单论述借款人违反"诚信原则"，极少涉及对借款人违背合同的相关法律论述。根据法律的三段论［大前提（规范）—小前提（事实）—结论］，在描述事实的基础上，某些法官简单地根据社会主义核心价值观对案件进行正面和负面评价，以此作为推理的依据，进而作出裁判，这会导致应当适用法律规则而不适用，另外还会导致自由裁量权的扩大。案件的裁判首先应适用的是法律规则，社会主义核心价值观更多具备补充说理的作用，如果案件都用社会主义核心价值观来进行评价，违背社会主义核心价值观进入裁判作为说理依据的初衷，法官也会任意使用自由裁量权，而忽视对案件事实、法律条文的深入研究，这不利于案件的精准裁决。

第二，"融入"方式不当，将社会主义核心价值观作为政策适用，价值偏好明显。一方面，法官在案件裁决时运用社会主义核心价值观的意愿不强，担心适用失误，因而采取保守的做法未将其在判决中予以适用。另一方面，一些法官在裁决时将其当作政策进行使用。如果过分关注社会效果而忽视了对法律问题的关注,以社会主义核心价值观来宣示是非曲直,空洞的评价忽视了案件的具体事实,也缺乏对法条的深刻理解,这种使用社会核心价值观的方式仅作为一种"价值宣示",并不能真正解决矛盾纠纷,最后会影响司法的权威。

第三,"融入"裁判中说理不充分。说理简单是当前裁判文书面临的一个难题,从近十年有关社会主义核心价值观的案件中可以看出,运用社会主义核心价值观进行说理的案件数量逐年增多,但是说理部分对社会主义核心价值观进行分析的很少,很多都是"点到为止",没有对社会主义核心价值观进行深入细致的分析。案件要解决得彻底,令各方都能遵守并履行,那么对法律问题就应追寻到价值哲学的层面。法律的社会属性决定了法律最终应该解决的是"人"的问题,如果法律在价值评论上无法找到与人相关的评论,不能从特定人的视角出发,那法律将会失去应有的价值,因此,法律最终应回归人的价值本身,走入人的内心。法官之所以对社会主义核心价值观没有深入说理,是因为法官没有深入研究和分析社会主义核心价值观的内容,没有领会其精神内涵和法律意义,没有对法律问题追问到价值哲学的层面。

三、社会主义核心价值观融入司法审判的机制不健全

中共中央办公厅、国务院办公厅、最高人民法院印发的相关文件为社会主义核心价值观融入司法审判提供了方向指引,但是司法审判面临的工作任务艰巨,仅仅提供方向指引明显是不够的,最高人民法院也意识到了这一点,因此在《社会主义核心价值观融入释法说理的指导意见》中指出:"各高级人民法院可以根据本意见,结合工作实际,制定刑事、民事、行政、国家赔偿、执行等裁判文书释法说理的实施细则,报最高人民法院备案。"各地实施细则的出台,让各级法院更容易知晓哪些案件可以运用社会主义核心价值观进行释法说理以及如何进行

释法说理。此外，实施细则也能让法官明白社会主义核心价值观哪种程度的融入才是符合要求的，才是有效的。但是，在当前司法实践中，社会主义核心价值观融入司法审判配套机制还不够规范，主要包括三方面内容。

（一）融入规则不明确

经过多年实践探索，最高人民法院《社会主义核心价值观融入释法说理的指导意见》完善了社会主义核心价值观融入司法审判的部分规则，包括社会主义核心价值观融入裁判文书释法说理的基本原则、社会主义核心价值观在裁判文书释法说理中的定位与适用次序、社会主义核心价值观融入裁判文书释法说理的解释方法、社会主义核心价值观的价值权衡、社会主义核心价值观的语言修辞等，但这些规则仍有不够完善的地方。例如，社会主义核心价值观融入裁判文书释法说理要遵循法治与德治相结合，以人民为中心，政治效果、法律效果和社会效果的有机统一三个基本原则。问题在于，这三个原则不仅仅是社会主义核心价值观融入裁判文书释法说理的原则，还是社会各方面运行应当遵循的原则。换言之，《社会主义核心价值观融入释法说理的指导意见》确定的三个原则针对性、特殊性不足。又如，社会主义核心价值观在裁判文书释法说理中的适用次序不明，《社会主义核心价值观融入释法说理的指导意见》仅指出民商事案件在无规范性法律文件作为裁判直接依据时，社会主义核心价值观应当如何运用。那么，刑事案件、行政案件在无规范性法律文件作为裁判直接依据时如何运用社会主义核心价值观仍无明确规定。

（二）案件识别机制不完善

精准识别需要强化运用社会主义核心价值观释法说理的案件是社会主义核心价值观融入司法审判工作顺利推进的关键因

素。社会主义核心价值观案件识别机制,是指通过建立一套完整的机制及时识别哪些案件需要强化运用社会主义核心价值观释法说理。案件在立案阶段、阅卷阶段、开庭审理阶段、判决阶段甚至是判决后都有可能引发社会广泛关注或者引发社会道德评价,因此,案件识别机制要系统化、体系化,能够在各个阶段及时精准识别哪些案件有必要运用社会主义核心价值观释法说理,提升判决的认可度、可接受度和权威性。但在当前的司法实践中,是否需要强化运用社会主义核心价值观释法说理取决于法官个人意愿和其经验,这就可能导致某些应当强化运用社会主义核心价值观进行说理而未运用的情况发生。案件识别机制的作用就是要尽可能及时准确地识别强化说理的重点案件,因此,识别能够运用社会主义核心价值观释法说理的案件的机制理应逐步建立完善。

(三)社会主义核心价值观适用的案件范围不确定

最高人民法院在《社会主义核心价值观融入释法说理的指导意见》中对运用社会主义核心价值观的案件作了概括性意见,《社会主义核心价值观融入释法说理的指导意见》的第4条对运用社会主义核心价值观的案件类型作了规定:"下列案件的裁判文书,应当强化运用社会主义核心价值观释法说理:(一)涉及国家利益、重大公共利益,社会广泛关注的案件;(二)涉及疫情防控、抢险救灾、英烈保护、见义勇为、正当防卫、紧急避险、助人为乐等,可能引发社会道德评价的案件;(三)涉及老年人、妇女、儿童、残疾人等弱势群体以及特殊群体保护,诉讼各方存在较大争议且可能引发社会广泛关注的案件;(四)涉及公序良俗、风俗习惯、权利平等、民族宗教等,诉讼各方存在较大争议且可能引发社会广泛关注的案件;(五)涉及新情况、新问题,需要对法律规定、司法政策等进行深入阐释,引领社会风尚、树立价值导向的案件;(六)其他应当强化运用社会主义核心价值观释法说理的案件。"司法实践中,在适用过程中出现了以下情况:社会主义核心价值观主要适用于简单案件中,疑难案件适用的情况比较少。例如,主要是民法领域的婚姻继承案件和合同案件等运用社会主义核心价值观进行说理,在刑法、行政法等领域适用的情况极少,主要原因是社会主义核心价值观的内容与刑法中犯罪构成要件要素之间重合。例如,诈骗罪本身就带着"欺诈"的行为属性,违反社会主义核心价值观中的"诚信"观念,就需要被确认。还要明确社会主义核心价值观的规范属性,避免裁判文书形式性引用的情形。形式性引用体现为一定的主观性和伦理性,基层法院审理的案件数量多,因此一些案件无法与最高人民法院规定的五类案件一一对应,这也是基层法院的法官运用社会主义核心价值观释法说理的难题。因此,有学者提出应该从不同维度在裁判文书中分层运用社会主义核心价值观的内容,以体现价值指引的准确性和有效性。在实际审判中,法官业务水平能力是有差别的,从部分裁判文书中可以发现一些裁判文书没有体现问题意识,未能命中案件的难点和当事人心中的痛点,只是把社会主义核心价值观作为一种模板,简单进行引用,实际上效果并不明显。其主要体现在:一是缺乏目的和价值导向,只引用概念,不敢对社会主义核心价值观的内容进行细致的分析和引用;二是宣示性说理,在裁判文书中刻板和机械地运用社会主义核心价值观进行说理,缺乏对具体个案的分析和理解。世界上没有两片相同的树叶,也没有两个完全相同的案件,案件的性质、内容和细节等不同,需要我们在论述社会主义核心价值观时从不同角度、不同维度进行分析,结合具体的案情才能发挥其真正的功能与价值。

第五章

社会主义核心价值观融入司法审判的规则、方法及配套机制

第五章 社会主义核心价值观融入司法审判的规则、方法及配套机制

社会主义核心价值观融入司法审判不仅可以帮助法官较为准确地理解、阐述立法者借法律文本所要表达的价值取向，实现法律、社会主义核心价值观与案件事实的融合，还有助于增进普通人民群众对其价值内涵的认识和适用的理解，从而提高司法审判的可接受性和权威性。受到传统裁判思维的制约，许多法官在运用社会主义核心价值观审理案件时仍然对适用的规则产生诸多疑惑，究其原因主要是因为当前在国家层面尚未出台完备的社会主义核心价值观融入司法审判的制度机制，法官在审判中融入社会主义核心价值观时缺乏明确的参考性文件，对社会主义核心价值观适用的边界存在困惑，本章试图通过分析各级人民法院发布的典型案例，确立社会主义核心价值观融入司法审判的一般性规则、社会主义核心价值观融入司法审判的具体性规则、社会主义核心价值观融入常见案件司法审判的方法，以及社会主义核心价值观融入裁判文书所需的配套机制。

第一节 社会主义核心价值观融入司法审判的一般规则

法院积极强化社会主义核心价值观在法律框架内的运用，使司法审判成为践行社会主义核心价值观中的生动实践。如前所述，社会主义核心价值观在融入司法审判的过程中，还存在不少问题。正如最高人民法院第一巡组法庭副庭长刘铮所指出的："裁判文书运用社会主义核心价值观释法说理'好'在哪里、'妙'在哪里，至今仍没有一个全面系统的裁判尺度。把社会主义核心价值观纳入司法裁判，对一个整体的、系统的裁判

标准的规范具有极大促进作用。"①确定社会主义核心价值观融入司法审判的标准主要从两方面入手：一方面，《社会主义核心价值观融入释法说理的指导意见》必然是法官承办具体案件的必备文件，其对裁判文书正确理解和把握社会主义核心价值观的基本定位、基本要求、重点案件、说理方法等具有指导意义。另一方面，最高人民法院公布的典型案例，由于其权威性、规范性和典型性，可以作为各高级人民法院制定实施细则的重要参考。从典型案例中归纳概括社会主义核心价值观融入司法审判的具体方式，并将之作为评判参考，实际上就是典型案例参考指引作用的体现。本书在归纳典型案例中运用社会主义核心价值观释法说理的方式基础上，初步提出了三点一般规则。

一、从引证融入向非引证融入转变

引证融入，是指法院将社会主义核心价值观的相关内容直接引用到裁判文书中。在岳某与郝某等人交通事故责任纠纷中，法院认为郝某、薛某二人各自承担一半责任，因郝某无偿搭载岳某家属王某的行为属于好意同乘行为，体现友善互助，郝某50%的责任由岳某承担20%。②在该案例中，法院认定无偿搭载契合友善互助之精神。

非引证融入，是指法院的裁判结果有利于社会主义核心价值观的弘扬，尽管其裁判文书中并没有引用社会主义核心价值观的相关内容。在黄某诉邵某隐私权纠纷案中，法院认为被告安装门铃虽没有窥探他人生活的故意，但考虑到门铃的附加功

---

① 刘峥：《论社会主义核心价值观融入裁判文书释法说理的理论基础和完善路径》，载《中国应用法学》2022年第2期。
② 《天津高院2020年度弘扬社会主义核心价值观典型案例之五：岳某等与郝某、薛某等机动车交通事故责任纠纷案》，载北大法宝官网，http://www.pkulaw.cn/CLI.C.311970871，最后访问时间：2022年9月1日。

能以及安装的方位等综合因素,原告所述的私人生活安宁极有可能受到侵犯,且实际上也影响了邻里之间的和睦关系。①该案例中,裁判文书中并未出现"社会主义核心价值观"内容,但该案例依然入选该地区高级人民法院发布的典型案例。从本书统计的数据来看,在最高人民法院发布的39个典型案例中,引证融入的典型案例有21个,占比约为54%。需要特别指出的是,在这21个典型案例中,2022年发布的9个案例均为引证融入。这说明,非引证融入向引证融入转变是一种趋势。除此之外,《社会主义核心价值观融入释法说理的指导意见》中提到,具体案例中,涉及国家利益、重大公共利益、见义勇为、正当防卫、弱势群体保护、新问题六类情形时,应当强化对社会主义核心价值观释法说理的运用,但何谓"强化运用"?本书认为,"强化运用"指的是法官要把社会主义核心价值观的相关内容体现在裁判文书中。

二、本质融入优于模式化融入

本质融入,是指社会主义核心价值观在事实认定、法律程序、法律适用等方面起到了实质性论证作用。在张某诉重庆市渝北区某公司见义勇为人员损害抚慰金责任纠纷案中,人民法院认为见义勇为是中华民族的传统美德,在本案中原告、被告双方均未能依据法律举证证明火灾发生的原因,被告也缺乏其他证据证明火灾由他人引起,故应当认为火灾由房屋自身设施陈旧等因素引起。原告为了保护被告财产权益、减少被告财产损失,自愿参与灭火行动,在此过程中不慎摔伤,经鉴定为十级伤残并产生相

---

① 《上海市高级人民法院发布10起弘扬社会主义核心价值观典型案例之四:黄某诉邵某隐私权纠纷案》,载北大法宝官网,http://www.pkulaw.cn/CLI.CR.407934809,最后访问时间:2022年9月1日。

关费用。被告作为此事件的受益人，对原告进行一定程度的经济补偿符合法律规定。①人民法院在对该案件进行审理时认定，见义勇为是中华民族的传统美德，而张某参加灭火是见义勇为精神内涵的体现。这样，社会主义核心价值观的本质与张某行为的性质就融合到了一起，法官据此完成了事实认定的过程。

模式化融入，是指社会主义核心价值观对裁判结果证成无实质性作用，仅起到价值宣示、教育说教等作用。在刘某某与梁某劳务合同纠纷一案中，法院只在裁判文书的最后提到："为弘扬社会主义核心价值观，判决如下……"在隋某某、赵某某劳务合同纠纷一案中，法院依据法律规定作出实质性判决后认为："人民法院……要在司法活动中规范和引领社会主义核心价值观，宣传新时代公民道德风尚，弘扬社会主义法治精神，营造良好的法治氛围，切实保障农民工的合法权益，努力让人民群众在每一个司法案件中都感受到公平正义。"②由上述两个案例可以看出，法官在案件定性方面并未将社会主义核心价值观融入其中进行分析，仅将社会主义核心价值观模式化地写入判决书结尾，没有在裁判文书证成过程中融入。

《社会主义核心价值观融入释法说理的指导意见》第 3 条表明，社会主义核心价值观在司法审判中应当起到实质性的作用，不能为了用而用。从本课题研究统计的数据来看，在最高人民法院发布的 21 个引证融入的典型案例中，本质融入的典型案例有 20 个，占比约为 95%。综上所述，本质融入应当优于模式化融入。需要指出的是，社会主义核心价值观的实质融入，并不

---

① 《重庆法院弘扬社会主义核心价值观典型案例（第一批）之二：张某诉重庆市渝北区某公司见义勇为人受害责任纠纷案》，载北大法宝官网，http://www.pkulaw.cn/CLI.C.311919466，最后访问时间：2022 年 9 月 1 日。

② 参见隋某某、赵某某劳务合同纠纷案，河南省漯河市中级人民法院（2021）豫 11 民终 267 号民事判决书。

意味着社会主义核心价值观就能代替法律条文，法官不能突破法律框架来直接援用社会主义核心价值观，否则，社会主义核心价值观的运用很可能"喧宾夺主"，出现"规则逃逸"现象。必须明确的是，强化运用社会主义核心价值观，不是要创造一个新的"社会主义核心价值观"规则。[1]在多数情况下，特别是在有可适用的法律规则的情况下，社会主义核心价值观在司法审判中的功能定位理应是"辅助者"。

三、具体融入先于抽象融入

具体融入，是指法官进行释法说理时将社会主义核心价值观的具体内涵直接援用。在李某某侵害烈士名誉民事公益诉讼案中，法官认为"英雄是民族的脊梁……是社会主义核心价值观的重要源泉，英雄烈士的人格权益依法受法律保护"[2]。在该案中，法院运用社会主义核心价值观相关内容详细阐明了保护英雄烈士名誉的重要原因。

抽象融入，是指裁判文书说理部分仅引用"社会主义核心价值观"这一抽象概念，不涉及具体价值的结合。在何某某与卢某共有纠纷一案中，人民法院认为，何某某在有较大外债的情形下将房屋及大部分财产的所有权转移给卢某及何某，债务由何某某自己承担，是明显的逃避债务的行为，该行为有悖于社会主义核心价值观。[3]本案中，裁判者仅抽象地认定转移财

---

[1] 参见于洋：《论社会主义核心价值观的司法适用》，载《法学》2019年第5期。

[2]《天津高院 2020 年度弘扬社会主义核心价值观典型案例之二：天津市人民检察院第三分院与李某某侵害烈士名誉民事公益诉讼案》，载北大法宝官网，http://www.pkulaw.cn/CLI.C.311970868，最后访问时间：2022 年 9 月 1 日。

[3] 参见何某、卢某某等共有纠纷案，河南省邓州市人民法院（2021）豫1381 民初 1337 号民事判决书。

产所有权的行为有悖于社会主义核心价值观,但缺乏证成过程,没有将思考逻辑写入裁判文书之中。在陈某诉南昌市某区政府房屋征收决定违法案件中,人民法院认为,某区政府充分征求了被征收人的诉求,及时调整征收范围,践行了"民主、和谐、平等、友善"的社会主义核心价值观。[1]在这个案件中,裁判文书所援引的"民主""和谐""平等""友善"四个具体价值,跨越了国家、社会、个人三个层面,这种援引方式过于宽泛,在本质上仍然属于抽象融入。

从笔者研究的统计数据来看,最高人民法院和各省(自治区、直辖市)高级人民法院公布的典型案例以价值融入为主,可以看出,社会主义核心价值观与裁判文书的结合并不是简单的抽象融入和概念叠加,更多体现的是将传统文化与世俗纠纷互相融合、互相包容、相得益彰。另外,实践中除了社会主义核心价值观具体内容的24个字之外,裁判者还将相近似的词汇融入裁判文书,如"和睦友好""尊老爱幼""英烈精神""中华孝道"。从当事人的角度来说,抽象融入由于缺乏价值融合,其说理效果往往不尽如人意。换言之,社会主义核心价值观并未真正发挥其指引规范作用,鉴于此,在司法审判中应当将价值融入放在首位。

第二节　社会主义核心价值观融入司法审判的具体规则

本书研究的主要方向在于"融入"的方法,司法实践中

---

[1] 参见陈某诉南昌市东湖区人民政府房屋征收决定违法案,南昌铁路运输法院(2019)赣7101行初475号行政裁定书。

"融入"的形式样态不尽相同,"融入"效果与立法意图有一定差距。在事实认定部分"应当尽可能地对事实本身进行分析,通过技术性的处理,直接让事实说话,法官不必过多地作出价值判断"①。

社会主义核心价值观是整个国家、整个民族的共同价值,其本身属于意识形态范畴,因此在大多数情况下,社会主义核心价值观用于事实认定是非必要的。在融入法律适用过程时,则可划分为两种情形:一种是有规范性法律文件作为裁判的直接依据,另一种是没有规范性法律文件作为裁判的直接依据。在上述两种情形之下,社会主义核心价值观的司法适用规则也有所不同。此外,社会主义核心价值观融入司法审判就是要具体融入民商事案件、刑事案件、行政案件当中。但民商事案件、刑事案件、行政案件有各自的特点,因此,社会主义核心价值观因融入的案件类型不同而有不同的规则。特别需要指出的是,社会主义核心价值观必须在法律框架内运用,切不可"越俎代庖",将社会主义核心价值观优先于法律规则适用,甚至将法律规则漠然视之、弃之不用。笔者通过梳理各类典型案例,总结出社会主义核心价值观融入司法审判的具体规则,主要有三方面。

一、社会主义核心价值观在事实认定中的具体规则

一般来说,案件待证事实的认定需要从以下三方面进行:一是证据效力,即相关证据必须满足合法性、关联性和真实性三个条件;二是明确争议双方的举证责任,即负有举证义务的一方若不能提供有效力且能证明案件事实的证据的,应当承担

---

① 王利明:《裁判说理论——以民事法为视角》,人民法院出版社2021年版,第235页。

事实认定上的不利后果,特别是在争议事实真伪难辨的情形下,举证对解决事实问题至关重要;三是明确案件的证明标准,即当事人为完成其举证,提供证据说明待证事实所应达到的可信程度,证明标准是法定的,法院不能随意提高或者降低证明标准。这就表明,案件事实是否符合社会主义核心价值观并不是进行事实认定的必要条件。但是从司法实践来看,社会主义核心价值观可用于案件的事实认定,《社会主义核心价值观融入释法说理的指导意见》中也未将运用社会主义核心价值观进行事实认定的情形予以排除。[①] 从各层级法院发布的典型案例来看,社会主义核心价值观在事实认定部分发挥作用的案件类型主要以见义勇为案件为主,有部分学者认为在正当防卫和紧急避险等涉及他人利益的案件均应体现社会主义核心价值观的价值融入。在事实认定方面,融入社会主义核心价值观主要有几种方式:

第一种是在案件待证事实真伪不明时,因相关行为符合社会主义核心价值观作出有利于当事人的事实认定。

在黄某某、曾某某、广安市某区人民政府见义勇为行政确认一案中,关于案件事实证明标准的论述比较有代表性:"按照行政法基本原理,行政行为作出前事实认定应坚持事实清楚、证据确凿的标准,但不同行政行为因其内容、对象不同,证据证明标准亦应当有所区别……见义勇为行为往往是在紧迫、危急情形下所实施,实施者在实施前难以考虑过程记录、证据保存等问题。如在见义勇为行为事实认定上采取过高的证据证明标准,将会导致部分确实实施了见义勇为行为的行为人,因证据不能达到证据确凿的证明标准而不能获得法律所规定的奖励

---

① 刘峥:《〈关于深入推进社会主义核心价值观融入裁判文书释法说理的指导意见〉重点问题解读》,载《人民司法》2022年第16期。

和保护，不利于弘扬社会主义核心价值观，不利于相互帮助、见义勇为等行为在人民群众中的认同和施行，使陷于危险的人得不到及时救助，偏离《四川省保护和奖励见义勇为条例》弘扬正气，鼓励见义勇为，加强社会治安综合治理，促进社会主义精神建设的立法目的。基于此，本案见义勇为行为确认，特别是事实认定中应当合理把握证据证明标准，适用高度可能性的证据证明标准，即根据行政相对人提供和行政机关收集的证据，在全面充分调查的基础上，运用逻辑推理和生活经验，确信待证的见义勇为事实的存在具有高度可能性的，应当认定该事实存在。"①法律是生活经验的总结，不是生活法则的创造者，不能强人之所难。如对见义勇为行为苛以过高的证明标准，将会极大打击见义勇为行为人的救助积极性，对一些确实发生的见义勇为行为无法得到社会认同及奖励，不利于弘扬和发展中华优秀的传统文化，不利于社会主义核心价值观的弘扬和发展。

  需要特别指出的是，法院在司法实践中特别是在案件事实真伪难辨时，基于对行政裁量的限制及罪刑法定原则的遵守，应当尽量避免因为某行为符合社会主义核心价值观就倾向于采用高度盖然性标准。有学者认为："证明标准问题本质上都是对人内心活动或者说主观认识的一种描述或指引，具有极强的主观性。为此，人们对于是否能够将这种主观状态进行准确的描述或定义，并将其在诉讼过程中确定为一种原则，存在很大的分歧。"②因此，法院不能将社会主义核心价值观作为选取证据证明标准的唯一考量因素，必须遵循证明标准适用的一般规则，

---

  ① 参见黄某某、曾某某、广安市广安区人民政府见义勇为行政确认案，四川省高级人民法院（2020）川行终1103号行政判决书。
  ② 阎巍：《行政诉讼证据规则原理与规范》，法律出版社2019年版，第100页。

即不能将社会主义核心价值观作为一种证明标准来运用。

第二种是行为人施行的行为除了符合社会主义核心价值观外,还要符合生活常理,行为与结果之间具有法律上的因果关系。在谭某1、谭某2诉马某等生命权纠纷一案中,重庆市高级人民法院认为:"见义勇为、见危施救是中华民族的传统美德。我国《民法典》明确因自愿实施紧急救助行为造成受助人损害的,救助人不承担民事责任。该法条的核心意义在于解决人们做好事时的后顾之忧,不用担心因过失造成损害而遭到追究,从而鼓励对伤病人士施以帮助。本案中,各被告在没有法定或约定救助义务的前提下,为避免谭某某因救治不及时造成不可预计的后果,善意采取力所能及的救助措施,在并无证据证明各被告对谭某某的救助措施与谭某的死亡结果之间具有因果关系情况下,法院裁判自愿救助人不应对合理施救的结果承担民事责任。"[①] 在该案中,各被告合理施救行为符合社会主义核心价值观,在无证据证明各被告对谭某某的救助措施与谭某的死亡结果之间具有因果关系的情况下,法院作出的不承担民事责任判决应当予以支持。

第三种是待证事实已经由相关证据予以证实,法院运用社会主义核心价值观对事实认定的说理进行完善,加强事实认定的客观、合理、正当性。在刘某某等与王某某等见义勇为受害赔偿、补偿纠纷案中,刘某某因救助刘某1被相关部门授予"见义勇为模范"称号,法院认为:"刘某某发现刘某1倒在地窖中,不顾自身安危实施救助,其行为符合见义勇为的基本特征,体现了中华民族助人为乐、危难相助的传统美德。本案中刘某某因救助地窖中的刘某1而二氧化碳中毒死亡,刘某1属

[①] 《重庆法院弘扬社会主义核心价值观典型案例(第二批)之六:谭某1、谭某2诉马某等生命权纠纷案》,载北大法宝官网,http://www.pkulaw.cn/CLI.C.405705315,最后访问时间:2022年9月1日。

于受益人。尽管刘某1没有被施救成功，但是刘某某为了保护他人的民事权益尽了最大努力，并因此献出了宝贵的生命，即使最终未能避免损害的发生，也不妨碍其家属要求补偿的权利。"① 该案中，刘某某的行为已经相关部门作出了认定，案件事实清楚，法院在该案中运用社会主义核心价值观主要是为了加强对见义勇为这一行为的说理。学者指出："在裁判说理中，事实认定的说理是裁判说理的重要组成部分，准确认定案件事实既是法官找法的基本前提，也是法官准确适用法律的基本前提……从整体而言，我国裁判文书在事实认定说理方面仍然存在一定的不足……没有对案件事实的认定进行充分说理。"② 社会主义核心价值观融入案件事实认定的说理中有利于完善事实认定的说理。

二、社会主义核心价值观在有规范性法律文件作为裁判直接依据时运用的具体规则

（一）优先适用法律规则

法官审判具体案件，在解决事实认定的问题之后，就要面临法律适用的问题，即寻找到可以用来裁判本案的法律规则。社会主义核心价值观属于意识形态范畴，本身不能直接作为案件裁判的依据。那么，在有作为裁判直接依据的规范性法律文件的情况下，社会主义核心价值观融入司法审判的基本规则是怎样的呢？《社会主义核心价值观融入释法说理的指导意见》指

---

① 《山东法院发布 2020 年弘扬社会主义核心价值观十大典型案例之四：刘某某等与王某某等见义勇为受害赔偿、补偿纠纷案》，载北大法宝官网，http://www.pkulaw.cn/CLI.C.311217305，最后访问时间：2022 年 9 月 1 日。

② 王利明：《裁判说理论——以民事法为视角》，人民法院出版社 2021 年版，第 124~125 页。

出:"有规范性法律文件作为裁判依据的,法官应当结合案情,先行释明规范性法律文件的相关规定,再结合法律原意,运用社会主义核心价值观进一步明晰法律内涵、阐明立法目的、论述裁判理由。"可以明确,当有规范性法律文件作为裁判依据时,法官必须优先适用规范性法律文件,在此前提下,法官可以结合社会主义核心价值观的运用和法律原意进行强化论证,使当事人和社会公众对法律内涵、立法目的、裁判理由等有进一步的了解,增强裁判文书说理的充分性和服从性。让当事人和社会公众不仅知其然,而且知其所以然。

另外,还可以明确,无论是民商事案件,还是刑事案件、行政案件,当有规范性法律文件作为裁判直接依据时都应当依照上述标准予以适用。当然,对于有规范性法律文件作为裁判直接依据的案件,无论是从减轻法官说理压力、提高司法效率、提高审判质量,还是从必要性的角度,都不是每一个案件都要严格按照上述标准引用社会主义核心价值观释法说理,要根据具体案件具体判断。

一是除《社会主义核心价值观融入释法说理的指导意见》中提到的社会广泛关注、可能引发社会道德评价、诉讼各方争议较大并可能引起社会广泛关注、出现新情况新问题等六类案件要加强社会主义核心价值观运用外,一些具有一定典型示范作用的案件,司法裁判时也可以运用社会主义核心价值观。例如,在最高人民法院和各省(自治区、直辖市)高级人民法院发布的弘扬社会主义核心价值观典型案例中,运用社会主核心价值观进行说理,往往能在规则引导、规范裁判等方面发挥重要的价值导向作用。

二是从诉讼程序看,适用小额诉讼程序、简易程序,甚至适用要素式审判的案件、二审适用独任制的案件,裁判文书中可不再援引社会主义核心价值观释法说理。究其原因,除了落实诉讼效率理念外,更重要的是,民商事裁判的诸多规则早已承载着社会主义核心价值观。"实际上,承载社会主义核心价值观的不仅是民商事的很多规则、制度、规范,刑事裁判、行政裁判的很多规则也涵养了社会主义核心价值观。"[①]例如,《刑法》规定了虚假诉讼、组织考试舞弊、违规提供试题、弄虚作假等罪名,事实上是对失信行为的否定。对于社会主义核心价值观已经入法入规的情形,直接适用转化后的法律规则即可,前文提及的某些非引证融入式的典型案例即属于此种情况。

三是从说理繁简程度来说,社会主义核心价值观融入司法审判不是为了融入而融入,而是出于充分发挥司法审判在国家治理、社会治理中的规则引领和价值导向作用的考量。因此,裁判文书在具体说理时应当秉持必要性标准,不必长篇累牍,做到繁简得当,精简精练却不粗略。正如前文所提到的那样,"在法官裁判说理任务繁重的大环境中,社会主义核心价值观融入司法审判释法说理并不需要也没必要要求法官进行长篇大论,只需要法官将具体案情与具体价值作合理连接即可,尽量做到精简精练论述"。当然,强化运用社会主义核心价值观释法说理的基本要求不仅在有规范性法律文件作为裁判直接依据时要遵守,当在事实认定和无规范性法律文件作为裁判直接依据时也应当予以遵循。

(二)采用狭义的法律解释方法

法官在审理有规范性法律文件作为直接裁判依据的案件时,在发现具体案件的法律条文可以适用后,还会采用狭义的法律

[①] 高圣平、曹明哲、李露希:《社会主义核心价值观融入民商事裁判文书释法说理的实现路径——以法学方法论的运用为视角》,载《人民司法》2022年第16期。

解释方法，即为了进一步明确该法律条文的具体内容、适用范围、构成要件、法律效果等所采用的具体方法。《社会主义核心价值观融入释法说理的指导意见》确定了四种狭义的法律解释方法：文义解释、体系解释、目的解释和历史解释。无论是民商事案件、刑事案件，抑或行政案件都会用到上述几种法律解释方法。文义解释是每一种案件都必须使用的解释方法，是按照法条所用的字、词、句的文义来理解法条。法官在运用文义解释时，要注意结合社会主义核心价值观，准确解读蕴含在法律条文中的社会主义核心价值观的精神内核，特别是要结合具体案例，有针对性地进行个案分析，切忌简单粗暴地套用带有概括性的表述，如"某一行为与社会主义核心价值观相符合"或"某一行为与社会主义核心价值观相违背"或"为弘扬社会主义核心价值观"等。然而，文义解释有产生两种或两种以上解释结果的可能，并且不同的解释结果都有相应的理由，在这种情况下，准确判断哪一种解释意见绝对正确或绝对错误的难度较大。当文义解释得不出确定结果的情况下，继续采用制度解释、目的解释、历史解释等其他解释法律的方法进行解释。但是，法官在运用体系解释、目的解释和历史解释等方法时仍应当遵循相应解释方法的基本规则，不能因某种解释符合社会主义核心价值观而径行采用。如扩张解释，指某个法律条文所使用的文字、词句的文义过于狭窄，将本应适用该条的案件排除在它的适用范围之外，于是扩张其文义，将符合立法本意的案件纳入其适用范围。法官运用扩张解释必须立足于立法本意，不得随意扩张。特别是在刑事案件中，虽然罪刑法定原则不禁止扩张解释，但是不合理的扩张解释极有可能与罪刑法定原则相抵触，实际上就将扩张解释变成了类推解释，而刑事案件明确禁止类推解释。

（三）法律概念不明的处理规则

法官在审理具体案件时还会碰到另一种情况，即有作为裁判依据的规范性法律文件，但不能作为裁判的直接依据适用，因为相关概念、构成要件不够具体、明确，而不能作为裁判的直接依据予以适用。针对这种情况，法官需要结合案件的具体事实，对相关法律规定的构成要件和适用范围加以明确，这个过程即所谓的不确定概念的价值补充。关于不确定的法律概念，在民商事法律上如《民法典》第151条规定："一方利用对方处于危困状态、缺乏判断能力等情形，致使民事法律行为成立时显失公平的，受损害方有权请求人民法院或者仲裁机构予以撤销。"在该法律规定中，什么样的情形属于"显失公平"？法律并没有规定一个较为明确的判断标准，因此，这个概念就属于不确定概念。又如《民法典》第1012条规定："自然人享有姓名权，有权依法决定、使用、变更或者许可他人使用自己的姓名，但是不得违背公序良俗。"在该法律规定中，何谓"违背公序良俗"？"公序良俗"的范围又如何界定？在刑事法律上如"以其他方法""情节严重"等也属于不确定的法律概念。在行政法律上如《工伤保险条例》第14条第1款关于工伤认定是这样规定的："……在工作时间和工作场所内，因工作原因受到事故伤害的……"在该法律规定中何谓"工作原因"？关于不确定概念的价值补充当然也不能随意使用，也应当遵循一定的规则。学者指出："法官将不确定的法律概念具体化，并非为同类案件厘定一个标准，而是应该根据各个具体案件，依照法律的精神、立法目的，针对社会的情形和需要，予以具体化，以求实质的公平与妥当。因之，法官于具体化时，须将理由述说明确，而且切莫引用他例，以为判断之基准。"[①] 这就表明，法官不能随意

---

① 杨仁寿：《法学方法论》，中国政法大学出版社2018年版，第186页。

将社会主义核心价值观直接用来作不确定概念的价值补充。

三、社会主义核心价值观在无规范性法律文件作为裁判直接依据时运用的具体规则

在没有作为裁判直接依据的规范性法律文件时,社会主义核心价值观运用的基本规律是什么?法官在审理具体案件时找不到可以作为裁判直接依据的规范性法律文件,也就是存在法律漏洞。对于法律没有规定的案件,法官在审理时,需要行使自由裁量权,而不能以法律没有规定为由拒绝裁判。《社会主义核心价值观融入释法说理的指导意见》第6条明确指出:"民商事案件无规范性法律文件作为裁判直接依据的,除了可以适用习惯以外,法官还应当以社会主义核心价值观为指引,以最相类似的法律规定作为裁判依据;如无最相类似的法律规定,法官应当根据立法精神、立法目的和法律原则等作出司法裁判,并在裁判文书中充分运用社会主义核心价值观阐述裁判依据和裁判理由。"从这个意见中可以明确法官在没有规范性法律文件的情况下,寻找裁判直接依据的几个基本规则。

(一)严格限定类推适用的案件类型与范围

所谓类推适用就是指法官审理的案件在法律上没有规定时,采用类似案件的法律规则来进行裁判。换句话说,就是看能否找到一个法律条文所规定的案件类型与待裁判的案件类似,即上述意见中提到的"以最相类似的法律规定作为裁判依据"。类推适用应当严格限定在民商事案件中,刑事案件明确禁止采用类推适用的方法,行政案件原则上排除类推适用。首先,民商事案件可以采用类推适用的方法。学者指出:"社会主义核心价值观与中华优秀传统文化同符合契,与民法的平等、诚信、公

序良俗等原则息息相通。《民法典》将'弘扬社会主义核心价值观'作为立法目的之一。相较其他类型的审判工作，民事审判更加重视个案中的社会伦理评价，是培育和践行社会主义核心价值观的重要阵地。"①其次，刑事案件明确禁止采用类推适用的方法。《刑法》第3条明确规定："法律明文规定为犯罪行为的，依照法律定罪处刑；法律没有明文规定为犯罪行为的，不得定罪处刑。"该条即罪刑法定原则的具体表述。学者指出："以实现民主与尊重人权（保障国民自由）为己任的罪刑法定原则，要求以成文的法律规定犯罪与刑罚（成文主义）。只要是法无明文规定的行为，即使处罚的必要性再大，也不得定罪量刑。所以，即使类推解释的结论具有实质的合理性，也不得采取类推解释方法定罪量刑。"②换言之，在刑事案件当中，即便类推解释的结论有利于弘扬社会主义核心价值观，但基于罪刑法定之原则，也不得采取类推适用的方法。最后，行政案件在原则上排除类推适用。从行政法角度而言，行政机关具有一定的行政裁量权，但"由于行政机关的决定具有广大的选择空间，更应受到监督与控制，否则权力滥用、损公肥私现象将难以避免。随着政府行政裁量权不断扩张，人们亦日益感受到来自它的威胁。人们逐渐认识到，行政法不仅应控制政府的羁束行为，同时更应控制政府的裁量行为"③。一方面，基于依法行政之要求，法官在确定行政行为是否合法时，必须严格依据法律规定；另一方面，法院在被赋予审查行政机关行政行为权力的同时，也被赋予了一定的自由裁量权，但法院在审查行政行为的同时，也

---

① 刘峥：《关于深入推进社会主义核心价值观融入裁判文书释法说理的指导意见〉重点问题解读》，载《人民司法》2022年第16期。

② 张明楷：《罪刑法定与刑法解释》，北京大学出版社2015年版，第99页。

③ 周佑勇：《行政裁量的均衡性原则》，载《法学研究》2004年第4期。

必须保持必要的尊重与克制谦让，不能过度干预行政行为。不可否认的是，司法实践中出现了部分行政案件类推适用民事法律规则的情况，但在行政法中类推适用民法规范有方法与界限上的严格要求，不能随意适用。学者认为：行政法中类推适用民法规范的先后步骤为确认法律漏洞、寻找相似点和比照适用，行政法中类推适用民法规范需要遵循的原则有所类推者为"法律效果"而非"法律原因"、要遵守行政法的一般原则和若存在类似的行政法规范则应当优先类推适用行政法规范。①可以发现，行政案件类推适用对法官行使自由裁量权要求本身就比较高，若再加入社会主义核心价值观的价值衡量，容易出现滥用自由裁量权，侵害公民合法权益的情况。因此，行政案件在原则上排除类推适用。

（二）明确法律漏洞填补的其他方法和适用顺序

在以社会主义核心价值观为指导、以最相似的法律规定为裁判依据的无规范性法律文件作为裁判直接依据的民商事案件中，法官可以适用习惯，先行作出司法裁判。习惯是人们基于长期的生产生活实践而形成的生活习惯和交易习惯，被大众所广泛知晓，并在一定区域内普遍遵守。《民法典》第10条明确规定："处理民事纠纷，应当依照法律；法律没有规定的，可以适用习惯，但是不得违背公序良俗。"这确立了习惯的民法渊源地位。在无规范性法律文件作为裁判直接依据的情况下，通过习惯弥补法律的不足有重要意义。正如德国著名法学家拉瓦茨所言："没有一种体系可以演绎式地支配全部问题，体系必须维

---

① 王贵松：《民法规范在行政法中的适用》，载《法学家》2012年第4期。

持其开放性,它只是暂时概括总结。"①法官在适用习惯进行司法裁判时需注意不得违背公序良俗。社会主义核心价值观是凝聚社会共识的最大公约数,通过前文典型案例样本分析部分可知,法官在司法审判中强化运用社会主义核心价值观时有时也会运用公序良俗进行释法说理和补强论证。所以法官在运用习惯填补法律漏洞时,该习惯除了不得违背公序良俗,还不得与社会主义核心价值观相悖。另外,若没有最相类似的法律规定,法官则可以根据立法精神、立法目的和法律原则等作出司法裁判。学者指出:"社会主义核心价值观与《民法典》最大的交合点在于原则、理念和价值,《民法典》所确立的平等、自愿、公平、诚信、公序良俗、绿色等基本原则既是社会主义核心价值观在《民法典》中的具体体现,也是人民法院审理案件、定分止争的基本价值遵循。"②因此,社会主义核心价值观可以与立法精神、立法目的、法律原则共同作为裁判依据使用。法律漏洞填补的方法除运用习惯、法律原则以及类推适用其他规定等之外,常用的还有目的性扩张及目的性限缩。目的性扩张、目的性限缩与扩张解释、限缩解释不同,扩张解释、限缩解释所依据的是立法本意,即立法当时所设想的适用范围;而目的性扩张、目的性限缩所依据的是立法目的。需注意的是,法官直接运用立法精神、立法目的、法律原则作为案件裁判依据时,应当充分运用社会主义核心价值观阐述裁判依据和裁判理由。

---

① [德]卡尔·拉瓦茨:《法学方法论》,陈爱娥译,商务印书馆2003年版,第49页。

② 高圣平、曹明哲、李露希:《社会主义核心价值观融入民商事裁判文书释法说理的实现路径——以法学方法论的运用为视角》,载《人民司法》2022年第16期。

（三）合理运用利益衡量方法弥补法律漏洞

法律漏洞的填补除前文提及的《社会主义核心价值观融入释法说理的指导意见》第6条之外，第7条规定："案件涉及多种价值取向的，法官应当依据立法精神、法律原则、法律规定以及社会主义核心价值观进行判断、权衡和选择，确定适用于个案的价值取向，并在裁判文书中详细阐明依据及其理由。"该条实际上就涉及了利益衡量的方法。所谓利益衡量，即法官在事实认定的基础上，为了让法律适用更为妥帖，不急于寻找适用本案的法律条文，而是综合把握本案的实质，结合社会环境、经济状况、价值观念等，实质性地对双方当事人的利害关系进行整体衡量，在判断与权衡哪一方当事人更值得保护的基础上，再去寻找与选择法律上的依据。某些案件若有明确、直接的规范性法律文件作为裁判的直接依据，不涉及多种价值的判断、衡量与选择问题，则应尊重法律条文的规定。但某些案件缺乏明确、直接的规范性法律文件作为裁判的直接依据，且涉及多种价值的判断、衡量与选择问题，法官则可以运用利益衡量的方法。社会主义核心价值观同样是社会价值判断、权衡与选择的产物，是凝聚社会共识的最大公约数，当然可以作为利益衡量的重要参数。当然，法官在利益衡量中不仅要考虑行为是否符合社会主义核心价值观，还要结合立法精神、法律原则、法律规定等进行综合判断。

关于利益衡量，有学者认为："法官为价值判断时，应以社会通念为务，随时要求自己以谦虚心为之，不得我行我素也。要之，法官为价值判断时，虽为主观上意志之决定，仍需考量其是否具有充分的合理性，始能竣事。一般而言，价值判断合理与否，除需透过'批判可能性'之有无，来加以衡量之外，尚需进一步从目的与手段之角度，来加以思考，始不失为主观上之确信。"[①] 利益衡量时之所以需要综合考量立法精神、法律原则、法律规定以及社会主义核心价值观等，实际上也是为了避免利益衡量过于随意，进而增强利益衡量的合理性。

第三节　社会主义核心价值观融入常见案件类型的适用方法

第四章提到，社会主义核心价值观在司法审判实践中由于出现内涵泛化导致的不同价值观适用边界模糊、裁判者对社会主义核心价值观的本质理解不一致的问题，笔者经过对最高人民法院公布的典型案例进行剖析，从事实认定以及法律适用两方面，对裁判者运用社会主义核心价值观反馈出的不同态度，总结出一些规律性的问题。本章节旨在从案例本身体现的价值出发，选取一些常见案件类型作为说明样本，以此明确社会主义核心价值观在适用时应当明确的"边界"问题，进而达到统一理解标准，预防裁判者在运用社会主义核心价值观时越界导致的"规则逃逸"现象发生。

一、事实认定方面

事实认定是法律适用的基础和前提条件，一般案件中事实认定包含了社会的普遍价值观念和法律的基本态度两个方面。专业法官对于法律态度可以得心应手地驾驭，但是社会的普遍价值观念会因为社会阶层不同而出现分裂。

[①] 杨仁寿:《法学方法论》，中国政法大学出版社2018年版，第226页。

(一)"权利冲突型"案件

随着市民社会阶层的不断巩固,各个阶层都存在自己的主张和实际需求,在这些主张和需求出现交集时便会产生不可调和的矛盾,显而易见的是,法律在面对这些交集时显得捉襟见肘。

湖南省长沙市岳麓区人民法院(2013)岳行初字第00249号案例中,社区群众跳广场舞的需求与居民安宁生活的需求形成了较大矛盾,由于派出所未对跳广场舞的群众进行实质性处理,居民周某遂将派出所不作为的行为诉至法院。法院对该案实体部分作出了"公安分局对周某的报案作出行政处理"的判决。在事实认定部分,法院认为:"文明健身、和谐生活,既是社会主义精神文明的体现,也是法治精神的体现。广大群众积极参加健身活动,有利于身心健康,增强体魄,但不能因此损害他人的合法权益。同时强调,强身健体,也要尊重他人权利,这样才能真正保证健身的'幸福指数',提升和谐共处的'文明指数'。一方面是人民群众对体育运动的正当需求,另一方面是居家居民对安静环境的需求,二者冲突不可避免,法院将社会主义核心价值观融入,正向引导双方权利的行使,为和谐社区环境奠定基础。"

在"权利冲突型"案件中,认定"边界"较为困难,因为权利的"边界"往往较为模糊,二者的权利均为正当权利,即以"正"对"正",如将两种权利的边界运用法律进行强制划分,反而会束缚群众自由行使权利。相反,对于这类案件,将边界模糊化未尝不是一种可以接受的处理方式,"权利冲突型"案件的边界应当具备缓冲社会关系的功能。这是因为任何权利随着社会的进步、时代的更迭,都会出现概念的适当延展,法律无法也不应当对这些权利划定具体的界限,人民群众在生产生活中会不断充实这些权利的含义。因此，让权利回归自然发展的状态，让"边界"处于混沌状态更有利于保障权利的正当运行。社会主义核心价值观只需要在权利冲突时加以正向引导即可。

（二）"明确导向型"案件

虽然许多"正向"权利的边界应当模糊化处理，但是面对原则性、导向性权利受到他人侵犯时，则应当坚决划清界限。如杭州互联网法院（2019）浙0192民初9762号典型案例中，在事实认定部分，法院认为："英雄烈士是国家的精神坐标，是民族的不朽脊梁。英雄烈士董存瑞在'解放战争'中舍身炸碉堡，用鲜血和生命谱写了惊天动地的壮歌，体现了崇高的革命气节和伟大的爱国精神，是社会主义核心价值观的重要体现。任何人都不得歪曲、丑化、亵渎、否定英雄烈士的事迹和精神。"法院明确了保护英雄烈士名誉的价值导向，否定了案件当事人贬损英烈的行为，为社会道德底线明确了边界。

英雄烈士是我们民族精神的根基，其名誉神圣不可侵犯，贬损英烈的行为是对现有社会运行规则原则性和导向性的突破和挑战，必须划清界限，以正视听，将英烈利益等具有社会公共属性利益集合的边界清晰化是"导向性案件"所应具备的特征。如果对原则性和导向性案件"和稀泥"，那么势必会让民众行使正当权利产生疑虑。法官运用个人价值观念替代社会普世价值观，会导致公众对社会普世价值观的怀疑和颠覆。因此，对于"明确导向型"案件，社会主义核心价值观适用的边界应当清晰明了，杜绝似是而非、模棱两可的状态。

(三)"利用规则型"案件

在社会交往中,由于因势利导的趋势,往往会出现运用现有法律制度,规避合同中的己方义务,以达到规则"逃逸"的目的。法律的滞后性决定了其不可能囊括所有的生活经验,因此,规则"逃逸"在现实生活中并不罕见,社会主义核心价值观可以有效弥补法律滞后性的规则漏洞。在陕西省西安市中级人民法院(2018)陕01民终8145号商品房预售合同纠纷案中,在商品房消费者已经履行交付购房款的义务后,因房价上涨,房地产公司在案涉开发项目已经取得土地使用权证、建设用地规划许可证、建设工程规划许可证与建筑工程施工许可证的情况下,以案涉房屋未取得商品房预售许可证为由,将商品房消费者起诉至法院。如机械认定开发商未取得商品房预售许可证就判决合同无效,显然违背了民事法律的诚信原则。法院认为:闻天公司作为房地产开发企业,对房屋预售所需条件应当是清楚的,对自身不办理商品房预售许可证即预售商品房行为的违法性应当是明知的。现闻天公司以自身原因造成的违法事实为由提起本案诉讼,真正目的在于获取超出合同预期的更大利益,闻天公司的行为显然与社会价值导向和公众认知相悖。为弘扬社会主义核心价值观,彰显司法公正,对此种行为不应予以支持。此外,闻天公司签约时未取得商品房预售许可证,虽然违反了有关"商品房预售应当取得商品房预售许可证明"的规定,但是并不必然导致其签订认购合同的民事法律行为无效。

在"利用规则型"案件中,事实认定的结果将直接导致法律适用的不同,规则只能体现以往的价值方向,面对新情况、新问题必须容许在不修改法律的前提下实现个案均衡,因此,社会主义核心价值观的适用正是在"规则逃逸"的过程中及时纠偏的有力工具。"利用规则型"案件极具迷惑性,外观上符合法律规范，形态上符合法律架构，但是从目的角度出发，其利用规则的目的在于损害法律的基本原则和道德规范，因此必须加以禁止。所以，处理此类案件时，法官应当主动在事实认定上，根据价值位阶释明原因，突出法律原则的价值作用，防微杜渐，为类案处理提供范本。

二、法律适用方面

法律适用问题一直是困扰学术界、实务界的一大难题，在个案处理中，法官基本上能还原案件原貌进行裁判，但是对于法律适用当事人之间均存在较大分歧，法官居中裁判想达到案结事了的目的仍任重而道远。援引社会主义核心价值观可以很好地改善这一司法现状，使得法律能够直面"社会的善恶"，避免劣币驱逐良币的情况出现。

（一）"家事类"案件

社会公共利益代表了社会普遍价值观念，应当予以尊重和保护。在重庆市第五中级人民法院（2015）渝五中法民再终字第00043号典型案例中，原告、被告双方因房屋装修产生矛盾，原告向法院提起诉讼，请求判决将二被告所占房屋产权份额转让给原告，原告补偿2被告房屋款2.8万元。本案的症结并不在于房屋份额的问题，而在于孝顺父母的问题。法院在适用法律的问题上，利用社会主义核心价值观进行了释法说理，法院认为："百善孝为先"一直是中国社会各阶层所尊崇的基本伦理道德。孝敬父母乃"天之经、地之义、人之行、德之本"，是中国传统伦理道德的基石，是千百年来中国社会维系家庭关系的重要道德准则，是中华民族优秀的传统美德。亲子之爱是人世间最真诚、最深厚、最持久的爱。父母将子女抚养成人，含辛茹苦，殊为不易。为人子女，应常怀感恩之心，不仅应在物质上赡养父母，满足父母日常生活的物质需要，也应在精神上赡养父母，善待父母，努力让父母安宁、愉快地生活。

在法律适用阶段，法官需要对案件进行具体论证，运用法律推理，证成后得出结论，而其推理和证成的重要依据之一便是社会主义核心价值观。家庭作为社会的最小单位，在处理家事类案件时应当是以恢复家庭成员之间的关系为主，其次才是法律的分配问题。把握好这一原则就可以清晰地界分社会主义核心价值观在法律适用方面的界限，即应当倾向适用有利于缓和家庭矛盾的规则。该典型案例中，根据规则作出的结论将明显与传统的社会公德相悖，挑战了社会运行的基本框架。因此，对于案件主体是家庭成员的各类纠纷，运用社会主义核心价值观使传统道德和社会赖以生存的基本规则免遭颠覆性挑战。

（二）"个人利益类"案件

个人利益是构成社会主义核心价值观的分子结构之一，与社会主义核心价值观是部分与整体的关系，二者相辅相成，互相作用。① 但是司法实践中，个人利益可能会和社会主义核心价值观的适用产生冲突。

山东省济南市历下区人民法院（2010）历行初字第4号案例中，吕某、张某两夫妻在决定为女儿取名为"北燕云依"后，吕某前往某派出所为女儿申请办理户口登记，该派出所依照法律规定和法定程序，拒绝为其办理户口登记。吕某认为此行政行为侵犯其女儿的姓名权，遂以其女儿"北燕云依"的名义提起了行政诉讼，请求确认被告拒绝以"北燕云依"为姓名办理

---

① 吴玉龙、陈金艳：《论社会主义核心价值观与法治建设的理论契合与实践融入》，载《延边党校学报》2018年第1期。

户口登记的行政行为违法。法院认为：第一，从社会管理和发展的角度，子女承袭父母姓氏有利于提高社会管理效率，便于管理机关和其他社会成员对姓氏使用人的主要社会关系进行初步判断。倘若允许随意选取姓氏甚至恣意创造姓氏，则会增加社会管理成本，不利于社会和他人，不利于维护社会秩序和实现社会的良性管控，而且极易使社会管理出现混乱，增加社会管理的风险性和不确定性。第二，公民选取姓氏涉及公序良俗。在中华传统文化中，"姓名"中的"姓"，即姓氏，主要来源于客观上的承袭，系先祖所传，承载了对先祖的敬重、对家庭的热爱等，体现着血缘传承、伦理秩序和文化传统。而"名"则源于主观创造，为父母所授，承载了个人喜好、人格特征、长辈愿望等。公民对姓氏传承的重视和尊崇，不仅仅体现了血缘关系、亲属关系，更承载着丰富的文化传统、伦理观念、人文情怀，符合主流价值观念，是中华民族向心力、凝聚力的载体和镜像。公民原则上随父姓或者母姓，符合中华传统文化和伦理观念，符合绝大多数公民的意愿和实际做法。反之，如果任由公民仅凭个人意愿喜好，随意选取姓氏甚至自创姓氏，则会造成对文化传统和伦理观念的冲击，违背社会善良风俗和一般道德要求。

姓名权是每个公民的基本权利，起名和改名都是公民的自由。但是正如上文所述，如果让权利恣意行使而不加管束，那么将会对整个文化传统产生不可逆转的伤害。需要强调的是，权利的行使应当是有边界的，而这个边界仍然是以不侵犯社会主义核心价值观的"核心"地位为界线，如果个人的权利实现要以颠覆传统秩序为代价，那么权利将不再具有实现的基础。为此，在审理"个人利益"与"传统文化"相冲突的案件时，法院理应对"个人利益"实现的基础性条件进行审查，在不冲击现有制度的前提下才能进行个人权利的保护。

（三）"违法犯罪类"案件

违法犯罪自古以来就受到社会的否定性评价，因为它直接侵犯了社会的基本秩序，就我国而言，运用社会主义核心价值观诠释守法之要义势在必行，不仅对违法犯罪人员起到教化作用，同时也是恢复型司法理念的应有之义。

如高某诉上海某大学不授予学位案①，高某因在考试中作弊，被学校给予行政记过处分，该门课程成绩无效。学校学位评定委员会因此决定对高某不授予学士学位。高某不服，向人民法院提起行政诉讼。法院认为：高某因考试作弊被取消课程成绩，不符合授予学士学位的规定，被告学校学位评定委员会不授予高某学位，符合国家法律法规和学校的规定，遂判决驳回高某的诉讼请求。诚实信用，是社会主义社会的重要核心价值，也是中华民族的传统优秀道德。对每一个人而言，诚信乃立身之本。本案原告高某作为在校大学生，是未来的国家建设者，在考试中作弊，不仅违背诚信原则，更违反了国家法律法规和学校的规定，学校对其作出不授予学位的处理，人民法院依法予以支持。

在金某伪证案②中，金某因在公安机关作伪证，导致胡某被公安机关采取强制措施，但在开庭时金某推翻了自己的证言。法院认为：金某在刑事诉讼过程中，故意作虚假证明，意图陷害他人，其行为构成伪证罪。在诉讼中如实作证，是每一个公民都应当履行的义务，是维护司法正常秩序，确保司法审判公

---

① 《最高人民法院公布 10 起典型案例大力弘扬社会主义核心价值观》，载 中 国 法 院 网，https://www.chinacourt.org/article/detail/2016/03/id/1818745.shtml，最后访问时间：2022 年 12 月 7 日。

② 《最高人民法院公布 10 起典型案例大力弘扬社会主义核心价值观》，载 中 国 法 院 网，https://www.chinacourt.org/article/detail/2016/03/id/1818745.shtml，最后访问时间：2022 年 12 月 7 日。

平公正的重要因素。虚假作证不但严重影响裁判结果的公正性，危害司法权威，而且直接侵害当事人合法权益，损害社会诚信建设。本案金某在诉讼中故意作伪证，严重违背诚信原则，违反了法律义务，受到了应有的刑事制裁。

违法犯罪类案件本身就会遭到社会否定评价，运用社会主义核心价值观的逻辑起点在于遏制违法犯罪行为的发生与传播。在考试作弊案中，法官遵循朴素的价值观念，对违规考生的行为进行否定，肯定了学术委员会的做法，倡导良好、公平的考试秩序，实现了法律效果与社会效果的统一。在伪证案中，法官强调了如实作证的法律义务，违反义务应当承担相应的责任。同时应当注意的是，社会主义核心价值观不能取代法律，对案件进行定性时仍应当以刑事法律规定的犯罪构成要件为标准。其适用时应当有别于民事法律规范，注意审慎适用，应当在法律判断得出结论后，再对违法犯罪行为进行评价，否则容易进入规则"逃逸"的误区。

三、"法律空白类"案件

上文提到，随着市民社会的发展，社会分工也逐步细化，各个领域之间的交集也纷繁复杂，司法领域的纠纷类型层出不穷。如何将社会发展与社会秩序统筹结合显得尤为重要，司法服务社会的价值理念已然深入人心，但是方法方式仍具有极大的完善空间。许多领域的发展速度远远超过规则制定的速度，法律留白的空间呈现出无序、乱序的状态，亟须加以规制。

（一）"占用公共资源型"案件

在北京市门头沟区人民法院（2014）门民初字第2429号医疗服务合同纠纷案中，案件当事人陈某某因交通事故受伤进入原告北京某集团总医院住院治疗，经治疗后北京某集团总医院先后二十余次通知其出院，但被告陈某某拒绝出院，仍然占用原告北京某集团总医院骨科病房第 34 床。法院认为：被告陈某某的行为严重干扰了北京某集团总医院正常医疗秩序，侵害了原告北京某集团总医院的合法权益，影响了其他公民公平地享受医疗服务的权利，并于 2014 年 12 月 10 日作出判决，判决陈某某于本判决生效之日起七日内将原告北京某集团总医院骨科病房 34 床腾退给原告北京某集团总医院。

"占用公共资源型"案件屡屡发生，在其他领域，还有因占用公共停车位、占用公共电梯、占用公共楼道等而产生的纠纷。案件背后的逻辑并不复杂，主要是由于当事人过度行使权利导致的。因此对于这类案件，法律并没有给出明确的界分点，如占用病床多久算侵犯"合理"的诊疗秩序；占用停车位多久算影响他人使用，是否临时占用 1 分钟也应当运用法律对该行为进行否定评价；因为搬运货物，占用较长时间的电梯、楼道，是否也应当给予负面认定，法律均没有给出准确的处理标准。换句话说，法律不能也不应当面面俱到。因此，对于弥补法律空白方面，社会主义核心价值观的适用将直接在一定程度上改变和规范民众的行为。笔者认为，应当考虑以下两个因素：一是权利位阶因素，根据事件的轻重缓急确定权利位阶，如占用电梯搬运货物，同时遇到抢救病人，二者存在急缓之分，搬运货物须礼让医护人员进行抢救。二是根据利益均衡原则进行判断，如已经长时间占用电梯，遇到上下班高峰，那么对于电梯的使用时间应当均衡分配；又如上文提到的长期占用病床，如病人已经得到有效救治，无须对其进行后续治疗，继续占用病床将影响医院救治其他病人的，应当认定该行为违反均衡原则。

(二)"介入类"案件

所谓"介入类"案件,是指案件由公权力机关介入,帮助或辅助案件推进的类案。如司法救助类和指定监护类案件。

1. 司法救助类

对于具有特殊困难的案件当事人,人民法院应当秉持尊重生命的朴素价值理念,对这类当事人进行必要救助。

在黑龙江省伊春市汤旺河区人民法院(2014)汤民初字第119号案件中,由于无民事行为能力人王某精神病发作,对无辜群众华某与丈夫徐某进行攻击,导致徐某死亡,徐某家属要求追究王某及其监护人民事赔偿责任,要求赔偿各项损失共计152 000元。法院判如所请,判决生效后王某及其监护人逾期未履行。按照规定,确实无财产可供执行的案件,可以中止执行。后经法院研究,决定给予徐某家属司法救助。

司法并非万能,在面对无法执行的裁判文书时,伤害的不仅仅是当事人,更是法院自身的公信力。法律对于司法救助类案件并无明确的详尽规定。在社会主义核心价值观范式下救助困难群众应当把握几点:首先,应当具备迫切性。一般而言,需要救助的对象对于救助金的依赖程度较高,如医疗卫生、抚养赡养、义务教育等;其次,应当具备突发性。上述案件中,家中主要经济支柱遇害,且家庭本身并不宽裕,侵权人又无法履行裁判文书确定的义务的,如不对其进行救助,被害人家庭可能直接陷入一种生活极为困难的状态;最后,当事人属于相对弱势群体,如劳动者追索劳动报酬的案件,弱势群体由于自身风险防范意识较差,权益容易受到侵犯,社会关注度高。

2. 指定监护类

限制民事行为能力人和无民事行为能力人在缺乏监护时,其自身权益极易受到不法侵害,及时为这两类弱势群体指定监护人符合互帮互助的传统观念，也是践行法律的应有之义。在柳州市儿童福利院申请确定监护人纠纷案①中，绍某是未成年人，对绍某有监护资格的人员均已丧失监护能力或不愿意担任监护人，法院为了保护其合法权益，指定柳州市儿童福利院为绍某的合法监护人。

指定监护类案件作为政府主导，检察院支持公诉，法院确定监护人的案件，社会主义核心价值观起到了价值引领的核心作用。对于上述两类弱势群体的监护人资格问题，需要当地民政部门结合被监护人实际情况，作出具体决定。因此，在处理此类案件时，应引用社会主义核心价值观对法律价值进行填补。

对于"介入类"案件法律规定得较为模糊，多处于实践探索阶段，因此，作为指导性"原则"，社会主义核心价值观应更多地突出其"原则性"价值，应当注意几个方面的问题：第一，凸显实用性价值。从解决实际问题的角度出发，达到让紧张的社会关系缓和、缓解的目的，降低矛盾对抗程度。第二，推动社会关系发展。在指定监护类案件中，选取监护人应当从有利于保护被监护人利益的角度出发，使被监护人能有效与社会同步、接轨，进行良性循环，从而推动社会关系进一步发展。第三，实现司法公正。司法裁判文书内容得到履行，监护人利益得到切实保护，在某种意义上说实现了社会对于司法的期待，保障社会运行的同时，也实现了个案正义、个案均衡。在规则没有明晰以前，对于社会主义核心价值观融入司法审判的"边界"认定不宜过于清晰和直接，只需要把握住方向，法院做好"领航掌舵人"的角色，在司法实践中以案例充实其内涵和外延，只有这样才能让社会主义核心价值观具有鲜活的生命力。

---

① 《人民法院大力弘扬社会主义核心价值观十大典型民事案例》，载最高人民法院官网，https://www.court.gov.cn/zixun/xiangqing/229041.html，最后访问时间：2022年12月7日。

第四节　社会主义核心价值观融入司法审判的配套机制建设

2017年至2021年5年间，全国法院在法律框架内运用社会主义核心价值观释法说理的一审民事案件超过100万件，年均增长率达24.31%，包含民间借贷纠纷、买卖合同纠纷、信用卡纠纷等132类民事案件。① 似乎可融入社会主义核心价值观说理的案件类型广阔、容易选取。但实际上，对于整体而言，这几年的案件仅仅占了很小的比重。"根据某省的统计，全省三级法院融入了社会主义核心价值观说理的文书占比不足万分之五，可谓'沧海一粟'。"② 目前我们不得不承认，在司法实践中存在着社会主义核心价值观融入司法审判时论证不够准确、清楚、合理等问题，这需要以一定的措施来辅助该项工作，以在司法审判中不断培育和弘扬社会主义核心价值观，发挥其对中国特色社会主义法治建设的思想引领作用。如何完善社会主义核心价值观融入司法审判的配套机制是从宏观视角去解决司法审判工作所面临的难题。并且，社会主义核心价值观具体理论如何与社会事物相结合是在实践中形成共识又向前发展的。配套机制建设需要遵循一定的原则，但也要留有一定的自主空间。《社会主义核心价值观融入释法说理的指导意见》在第4条、第8条、第10到第17条对建立社会主义核心价值观融入司法审判的配套机制进行了原则性的指导。这些原则，需要与其他改革

---

① 《最高法发布大力弘扬社会主义核心价值观典型民事案例》，载新华网，http://www.news.cn/2022-02/23/c_1128409174.htm，最后访问时间：2022年9月10日。

② 杨建文：《推进社会主义核心价值观融入裁判文书释法说理的时代要求和养成之道》，载《法律适用》2022年第10期。

措施协同配合才能取得好的效果。①

一、《社会主义核心价值观融入释法说理的指导意见》设定的总体配套机制

《社会主义核心价值观融入释法说理的指导意见》设定的总体配套机制，大致可分为三类：

一是案件的识别机制，也就是如何判定哪些案件需要运用社会主义核心价值观进行说理。《社会主义核心价值观融入释法说理的指导意见》第4条采取"列举+兜底"的方式基本限定了运用社会主义核心价值观进行说理的案件类型和范围："下列案件的裁判文书，应当强化运用社会主义核心价值观释法说理：（一）涉及国家利益、重大公共利益，社会广泛关注的案件；（二）涉及疫情防控、抢险救灾、英烈保护、见义勇为、正当防卫、紧急避险、助人为乐等，可能引发社会道德评价的案件；（三）涉及老年人、妇女、儿童、残疾人等弱势群体以及特殊群体保护，诉讼各方存在较大争议且可能引发社会广泛关注的案件；（四）涉及公序良俗、风俗习惯、权利平等、民族宗教等，诉讼各方存在较大争议且可能引发社会广泛关注的案件；（五）涉及新情况、新问题，需要对法律规定、司法政策等进行深入阐释，引领社会风尚、树立价值导向的案件；（六）其他应当强化运用社会主义核心价值观释法说理的案件。"在划定范围后，第11条对案件识别的主体也进行了限定，要求将案件识别与监督机制相结合："人民法院应当探索建立强化运用社会主义核心价值观释法说理的案件识别机制，

---

① 刘峥、邓宇、金晓丹：《〈关于深入推进社会主义核心价值观融入裁判文书释法说理的指导意见〉重点问题解读》，载《人民司法》2022年第16期。

第五章 社会主义核心价值观融入司法审判的规则、方法及配套机制

立案部门、审判部门以及院长、庭长等应当加强对案件诉讼主体、诉讼请求等要素的审查，及时识别强化运用社会主义核心价值观释法说理的重点案件，并与审判权力制约监督机制有机衔接。"

二是监督制约机制。尊重和保障司法机关行使职权是实现"让审理者裁判，由裁判者负责"目的的核心。因此，充分的放权和有效的监督都很重要。首先，是诉讼当事人监督机制。直接接受裁判文书的是当事人，然后才是社会大众。诉讼代理人代表的也是当事人的意志，因此，人民法院应当对于当事人关于社会主义核心价值观与司法审判的意见予以回应，不能逃避或忽视。第8条对此问题进行了明确："刑事诉讼中的公诉人、当事人、辩护人、诉讼代理人和民事、行政诉讼中的当事人、诉讼代理人等在诉讼文书中或在庭审中援引社会主义核心价值观作为诉辩理由的，人民法院一般应当采用口头反馈、庭审释明等方式予以回应；属于本意见第四条规定的案件的，人民法院应当在裁判文书中明确予以回应。"这样规定可以提升当事人对人民法院裁判说理的接受程度。其次，是自我监督机制。第10条规定："裁判文书释法说理应当使用简洁明快、通俗易懂的语言，讲求繁简得当，丰富修辞论证，提升语言表达和释法说理的接受度和认可度"。该条既是说理技巧上的指导方法，也是法定对于撰写时是否达到表述要求的自我检视标准。释法说理的主体是员额法官，员额法官的业务能力和个人素养直接决定了释法说理的质量和效果。社会主义核心价值观本质上是一种行为准则，一种是非标准，是意识形态的问题。每个人对于社会主义核心价值观的理解会有不同，当然，应用起来也会有所不同。自我监督依赖于个人的责任心，法官和法官助理是自己释法说理准确与否的第一监督者。"这就要求'法官的眼光必须要努力穿行、往复于法律话语系统和道德话语系统之间'，不断

寻求价值与法律的契合和印证。"① 再次，是审判组织方面的监督机制。如第11条中提到的"立案部门、审判部门以及院长、庭长"和第13条中提到的专业法官会议及审判委员会等主体监督。但审判组织方面的监督机制需要与其他改革措施协同才能更好地发挥作用，仍需要在实践中加以细化与完善。前述主体如何进行监督，还需要审判管理部门、审判部门制定监督办法。最后，是社会大众监督机制。社会大众虽然不是案件的当事人，但司法案件对于社会大众的价值观念具有很大的引导作用。裁判说理不当或不充分会引起社会大众对于司法权威的质疑和社会风气的改变。《社会主义核心价值观融入释法说理的指导意见》第15条指出："人民法院通过中国裁判文书网、'法信'平台、12368诉讼服务热线、中国应用法学数字化服务系统、院长信箱等途径，认真收集、倾听社会公众对裁判文书的意见建议，探索运用大数据进行统筹分析，最大程度了解社会公众对裁判文书的反馈意见，并采取措施加以改进。"立案部门、审判管理部门等应当注重社会意见的收集，及时提出完善方案，提高释法说理的水平。

三是培训考评机制。《社会主义核心价值观融入释法说理的指导意见》第16条指出："人民法院应当充分发挥优秀裁判文书的示范引领作用，完善优秀裁判文书考评激励机制，积极组织开展'运用社会主义核心价值观释法说理优秀裁判文书'评选工作，评选结果应当作为法官业绩考评的重要参考。"无论是考核还是惩戒法官，都需要符合《法官法》的相关规定。《法官法》第46条对于惩戒法官的情形进行了列举，释法说理不到位并不属于法官受到惩戒的情形之一。但释法说理工作开展情况可作为法官奖励和遴选的重要依据之一，并可以根据业绩情况

---

① 李祖军、王娱瑷：《社会主义核心价值观在裁判文书说理中的运用与规制》，载《江西师范大学学报（哲学社会科学版）》2020年第4期。

给予相应专项奖励。当然，考评是法官业务能力的体现。培训是提升法官业务能力的基础。《社会主义核心价值观融入释法说理的指导意见》第14条要求各级法院作为实施主体要定期就社会主义核心价值观进行学习："各级人民法院应当定期组织开展法官业务培训，将业务培训与贯彻实施民法典结合起来，坚持学习法律知识、业务技能与社会主义核心价值观并重，增强法官运用社会主义核心价值观释法说理的积极性和自觉性，不断提升法官释法说理的能力水平。"第17条明确了高级以上人民法院负有收集和发布典型案例的职责与权限："最高人民法院、各高级人民法院应当定期收集、整理和汇编运用社会主义核心价值观释法说理的典型案例，加强宣传教育工作，进一步带动人民群众将法治精神融入社会生活，培育和营造自觉践行社会主义核心价值观的法治环境。"

尽管《社会主义核心价值观融入释法说理的指导意见》已经设定了总体的配套机制，但就实践而言，多数机制仅在落实时做细做实，对于案件识别机制如何具体设定和保证典型案例的指导示范作用仍需要进一步明确和细化。

二、建立案件识别机制

（一）司法实践中案件识别过程存在的问题

案件识别包括两个方面：一是是否属于需要融入社会主义核心价值观进行释法说理的案件；二是案件中存在哪些社会主义核心价值观需要释法说理。司法实践中案件识别过程主要存在以下两方面的问题：

一是程序上没有自动识别机制，人为识别动力不强。《社会主义核心价值观融入释法说理的指导意见》第4条虽然列举了应当强化运用社会主义核心价值观释法说理的案件要素，但这些要素并不是立案时可以直接自动识别的标签。因此,在立案时是无法自动确认某一案件是否属于应当强化运用社会主义核心价值观释法说理的案件的。审判人员在选取应当强化运用社会主义核心价值观释法说理的案件时也会存在取舍问题。没有对识别结果及说理程度进行监督反馈的制度。导致这一问题的原因主要有两个方面:(1)《社会主义核心价值观融入释法说理的指导意见》第4条虽然采用列举的方式规定了哪些案件应当强化运用社会主义核心价值观释法说理,但是如何去认定这些案件事实和识别应当适用的社会主义核心价值观没有标准化的指引,各地人民法院都处于探索之中。(2)在人民法院人案矛盾突出的现状下,合议庭成员一般仅对案件事实和法律适用进行研究,缺乏时间和精力去琢磨裁判文书说理是否应当引用社会主义核心价值观及如何引用更为妥当。就承办人自身来说,是否引用和引用得好不好缺乏外部的容错奖惩机制。

二是法院层级之间存在认识差异会影响案件识别。是否强化社会主义核心价值观说理以及说理是否适用准确在一些案件中存在上下级法院认识分歧,进而影响判决结果。如2017年人民法院工作报告中提到的"医生电梯内劝阻吸烟案"[①]。2017年5月2日,段某某因在小区电梯内吸烟,被身为医生的邻居杨某劝阻,二人发生言语争执,之后段某某猝死。段某某之妻田某某遂向河南郑州金水区法院起诉请求杨某赔偿40余万元。法院一审依据公平原则判决杨某向田某某补偿1.5万元。一审宣判后,田某某向郑州市中级人民法院提起上诉,杨某未上诉。2018年1月23日,郑州市中级人民法院作出二审判决,认为劝阻电梯内吸烟的行为合法、正当,符合公序良俗,是自觉维护

---

① 冀天福、薛永松:《郑州中院"电梯劝阻吸烟猝死案"审判纪实》,载中国法院网,https://www.chinacourt.org/article/detail/2018/02/id/3198794.shtml,最后访问时间:2022年11月21日。

社会公共利益的行为，应当鼓励；杨某的行为方式理性、平和，并无不当，与段某某的死亡结果不存在法律上的因果关系，不应承担任何民事责任，故撤销一审判决，驳回田某某的诉讼请求。二审宣判后，社会各界普遍认为案件的改判维护了法治尊严和社会公共利益，弘扬了社会主义核心价值观和社会正能量，从中感受到了法治的进步，增强了对法治的信心。目前法官自由裁量权相比之前有一定的扩张，合议庭并不商定法官释法说理的方式内容，合议庭成员之间、法院业务部门之间、上下级法院之间存在着适用法律以及认定事实的差异，更不用说对社会主义核心价值观内涵存在不同认识。因此，在尽量统一的框架内运用社会主义核心价值观，避免一审、二审、再审之间不限次的改判，才能体现司法认定的准确性和权威性。

（二）案件识别模式

《社会主义核心价值观融入释法说理的指导意见》还是有些笼统，还需更加具体化、规范化、精细化的指引。针对这一情况，部分法院探索出"清单式"和"动态式"识别模式。[1] 从《社会主义核心价值观融入释法说理的指导意见》的案件类型上看，很大程度上涉及主观问题的判断。例如，如何识别"涉及疫情防控、抢险救灾、英烈保护、见义勇为、正当防卫、紧急避险、助人为乐等，可能引发社会道德评价的案件"，又如疫情防控是事实判断问题，但是否引发道德评价则是主观判断问题。即便如此，仍然可以尝试通过大数据分析实现多数案件的自动识别。在立案阶段采用清单式进行自动识别，并以立案部门人工识别为辅助。在审判阶段进行动态式调整，实现案件识别的类型化，

---

[1] 杨建文：《推进社会主义核心价值观融入裁判文书释法说理的时代要求和养成之道》，载《法律适用》2022年第10期。

并为承办法官在运用社会主义核心价值观进行释法说理时提供合理的参考。在裁判发布阶段完善的督促程序能为承办法官进行社会主义核心价值观释法说理提供保障。

1. 清单式自动识别模式

从人民法院办案实际出发，案件自动识别应当利用基于信息技术产生的司法辅助平台进行，以大数据案件信息作为依据。具体来说，要解决两个问题：一是案件案由筛选问题。案由是人民法院对诉讼案件所涉及的法律关系的性质进行概括后形成的"标签"，也是目前司法大数据进行数据统计分析的关键。以民事案件为例，按照《民事案件案由规定》的指引，目前使用的一级案由为11个，二级案由54个，三级案由473个，四级案由391个。通过比对应当强化社会主义核心价值观说理案件类型与案由分布的规律识别出对应案由（以三级或者四级案由为对象）。要做到这一步并不难，首先以一定数量的基础案件筛选出强化社会主义核心价值观说理案件案由。建议以二审案件为参照，从中选出案由及其所占比例情况，选取出案件对应的社会主义核心价值观及其他综合要素。如诉讼标的、当事人数量、重审再审、舆情变化、信访稳定、当事人意见、调解结案等。以一定比例作为标准识别案件类型。以综合要素作为总体识别强化社会主义核心价值观说理案件类型的标准。诉讼标的、当事人数量、重审再审等可以作为客观标准，但舆情变化、信访稳定等需要人工添加标签。这样总体可以筛选出强化社会主义核心价值观说理案件，在办案系统中添加"核"字标签。

2. 动态式识别方法

作为案件承办法官，对于是否属于强化社会主义核心价值观说理案件也需要进行识别。一是判断自动识别的案件是否属于不需要强化社会主义核心价值观说理的情况。二是对未自动识别出的案件审查后认为属于应当强化社会主义核心价值观说

第五章 社会主义核心价值观融入司法审判的规则、方法及配套机制

理案件的,应再次进行分类。"司法实践中,运用社会主义核心价值观释法说理的裁判文书占比虽然增长较快,但整体占比还是不高,究其原因,很大程度上是法官的识别能力不足。"[①] 因此,为辅助法官做到精准识别,可以采取三维数轴图表法来判断。如图 5-1 所示:三个数轴形成的和越大,说明强化社会主义核心价值观说理的必要性越大(具体数值标准需要以大数据分析为依据,这里只讲方法)。如 X 轴以《社会主义核心价值观融入释法说理的指导意见》第 4 条关键词为要素,如疫情防控、抢险救灾、英烈保护,每个要素设值为 1;Y 轴以社会主义核心价值观内容为要素,如敬业、诚信、友善等,每个要素设值为 2;Z 轴以案情综合情况为要素,如诉讼标的、当事人数量、重审再审、舆情变化、信访稳定等,每个要素设值为 2。分数越高,越应予以重视。

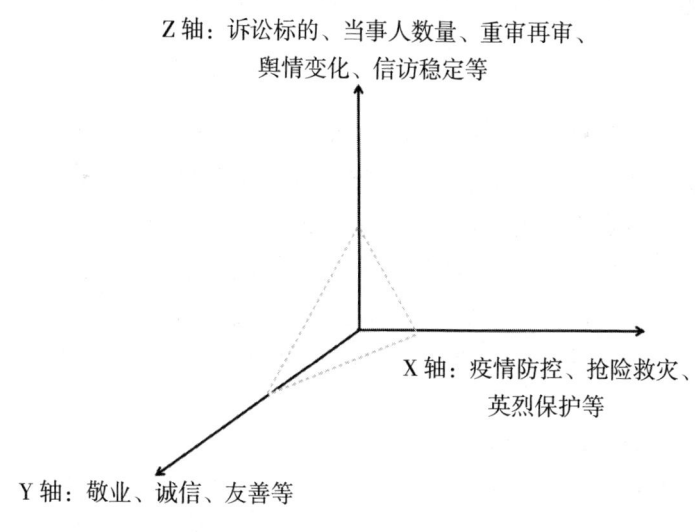

图 5-1 动态式识别方法三维数轴图

[①] 杨建文:《推进社会主义核心价值观融入裁判文书释法说理的时代要求和养成之道》,载《法律适用》2022 年第 10 期。

(三)案件识别程序构建

审判工作是一个系统性工作,并非可由某个审判人员或者部门独立完成。《社会主义核心价值观融入释法说理的指导意见》第11条指出:"人民法院应当探索建立强化运用社会主义核心价值观释法说理的案件识别机制,立案部门、审判部门以及院长、庭长等应当加强对案件诉讼主体、诉讼请求等要素的审查,及时识别强化运用社会主义核心价值观释法说理的重点案件,并与审判权力制约监督机制有机衔接。"该条明确了部门及院庭长等的审查义务,也明确了立、审各环节审查主体间相互协调配合的义务。虽然《社会主义核心价值观融入释法说理的指导意见》没有规定检察机关的权限,但从检察机关的职责出发,在有检察机关参与的案件中,如果检察机关发现该案属于应当强化社会主义核心价值观释法说理的案件,其也有权提出意见建议。

1. 立案阶段的识别

立案是审判环节的起点,是对案件信息进行查阅审核的初始环节,对于案件的识别起基础作用。在立案部门接收起诉材料时,负责审查的人员对案件材料进行初审,对照前述三类要素进行标签添加。在数值达到5分时标注为"核"案件。然后由立案部门转入分案部门,确定承办部门及承办人。这样在承办人接到案件后可以快速查看案件具体涉及哪些要素,为审判做好准备。

2. 审判阶段的识别

审判阶段是识别的核心阶段,也是具体落实将社会主义核心价值观用于裁判文书说理及审理环节的阶段。需要承办人及合议庭对于案件事实、法律适用以及社会主义核心价值观具有较高的认识。院庭长具有较高的大局掌控能力。各主体应当发

第五章 社会主义核心价值观融入司法审判的规则、方法及配套机制

挥各自作用,有效监督但要防止不当干涉,形成识别及释法合力。审判阶段的识别主要分为三个阶段:第一,承办人识别。承办法官在案件审理过程中如认为"核"字案件不属于强化社会主义核心价值观释法说理的案件应当提请合议庭讨论决定变更。同理,承办法官如认为非"核"案件应划分为"核"字案件也应当提请合议庭讨论决定变更。第二,合议庭识别。合议庭经讨论后,形成多数意见,如需要变更的,应当将意见报知庭长。案件文书拟定稿应当报庭长审阅。第三,院庭长识别。院庭长对于"核"案件进行全程监管。如认为合议庭对"核"案件识别有误,可以按照权限相应提请部门法官会议、专业法官会议、院审委会讨论决定。庭长如认为案件文书拟定稿运用社会主义核心价值观说理不够充分,可以要求合议庭补充完善。庭长如认为案件文书拟定稿运用社会主义核心价值观说理不当,可以提请部门法官会议、专业法官会议讨论决定,并将结论报知院长。院长认为有必要进行审委会讨论决定的,提请由审委会讨论决定。

三、明确典型案例发布机制

将具有代表性的运用社会主义核心价值观释法说理的案件选取出来作为典型案例,能够为其他案件的审理提供参考,对运用好社会主义核心价值观具有很大作用。但目前发布到网上的案例数量多,质量参差不齐,不易形成示范和标准效应。因此,为保证典型案例的质量,需要规范典型案例发布层级和程序。

(一)发布法院层级

《社会主义核心价值观融入释法说理的指导意见》第17条中规定典型案例应当由高级人民法院以上的法院发布。对比《关于完善四级法院审级职能定位改革试点的实施办法》第1条

"各级人民法院应当根据本办法,健全工作衔接机制、完善内设机构设置、优化审判力量配置,在实现审判重心进一步下沉的同时,推动将涉及重大国家利益、社会公共利益和具有普遍法律适用指导意义的案件交由较高层级法院审理,逐步实现基层人民法院重在准确查明事实、实质化解纠纷;中级人民法院重在二审有效终审、精准定分止争;高级人民法院重在再审依法纠错、统一裁判尺度;最高人民法院监督指导全国审判工作、确保法律正确统一适用。通过依法有序开展试点工作,充分发挥四级两审审级制度优势,加快推进审判体系和审判能力现代化,为全面建设社会主义现代化国家提供有力司法服务和保障"的规定来看,高级人民法院及以上的人民法院具有统一裁判尺度的职能。同时,高级人民法院对于辖区内社会情况掌握更加全面精准,也适合作出统一指导。所以对于典型案例的发布法院层级应当限定在高级人民法院及以上。对之前高级人民法院以下法院发布的典型案例要逐步清理。同时,最高人民法院和各高级人民法院发布的典型案例在适用范围上也应当有所区分。最高人民法院发布的典型案例对于全国均有参考性。各高级人民法院发布的典型案例对各自辖区具有参考性。

(二)案例发布效力

我国并不是判例法国家,但典型案例仍具有参考价值,应当体现在对于后审理的类案有一定的拘束作用。类案检索的设计目的是统一法律适用,有助于减少"类案不同判"的现象。《最高人民法院关于统一法律适用加强类案检索的指导意见(试行)》第4条第1款第2项已经明确最高人民法院发布的典型案例属于类案检索范围。盲目地检索会增加法官的工作负担。按照《最高人民法院关于统一法律适用加强类案检索的指导意见(试行)》第2条规定:"人民法院办理案件具有下列情形之一,应当进行类案检索:(一)拟提交专业(主审)法官会议或者审判委员会讨论的;(二)缺乏明确裁判规则或者尚未形成统一裁判规则的;(三)院长、庭长根据审判监督管理权限要求进行类案检索的;(四)其他需要进行类案检索的。"该规定对于需要类案检索的案件类型进行了列举式说明。因此,对于符合该条规定的情形且又属于应当加强社会主义核心价值观说理的案件,承办法官应当进行类案检索。院庭长也可以根据审判监督管理权限要求进行类案检索。不符合类案检索情形的,院庭长也可以建议承办法官或合议庭进行类案检索,以对案件裁判说理有一定的参考改进作用。

(三)案例发布程序

根据《人民法院组织法》第18条规定:"最高人民法院可以对属于审判工作中具体应用法律的问题进行解释。最高人民法院可以发布指导性案例。"第37条规定:"审判委员会履行下列职能:(一)总结审判工作经验;(二)讨论决定重大、疑难、复杂案件的法律适用;(三)讨论决定本院已经发生法律效力的判决、裁定、调解书是否应当再审;(四)讨论决定其他有关审判工作的重大问题。"目前立法中明确规定只有最高人民法院有权发布指导性案例,并且应当经过审委会讨论通过。指导性案例发挥释法作用,限定了法官自由解释法律的空间,对于人民法院在审理类案时具有约束力。而除此之外的典型案例并未在立法中得到授权,因此它不可能具有法律意义上的释法效力,典型案例强调的是普法宣传功能。指导性案例注重指导性,典型案例注重典型性。[①] 尽管典型案例不具有强制参照适用的效力,

---

① 李勇:《注重三个取向增强案例指导性》,载《检察日报》2021年9月13日,第3版。

但它毕竟代表了人民法院对某一法律问题的态度，也应当慎重发布。就社会主义核心价值观典型案例而言，《社会主义核心价值观融入释法说理的指导意见》第 17 条限定了发布的主体是高级人民法院以上层级，则各高级人民法院在制定实施细则时不能再将发布权限赋予下级人民法院。发布程序上，人民法院应当指定具体普法职能部门对典型案例进行收集、整理，下级人民法院予以配合。然后就备选案例征求检察机关、人大、司法行政机关的意见，最终经过院审委会讨论通过后发布。发布的频率不宜过高或者过低，数量不宜过多。可以利用新闻发布会、官方网站或者微信公众号等方式发布典型案例，目的是让更多社会大众知晓。

第六章

弘扬社会主义核心价值观典型案例分析

第六章

현대 조스로아스터교의
역사와 국가이념

一、网络招聘单位侵权责任及承担方式的认定
——闫某诉某某有限公司平等就业权纠纷案

【案件基本信息】

1. 案号

(2020)浙 01 民终 736 号

2. 案由

名誉权纠纷

3. 当事人

原告（上诉人）：闫某

被告（被上诉人）：浙江某某有限公司（以下简称某某公司）

【基本案情】

2019 年 7 月，某某公司向社会发布招聘信息。2019 年 7 月 3 日，闫某通过智联招聘 APP 就某某公司通过该平台发布的"法务专员""董事长助理"两个岗位分别投递求职简历。简历中包含姓名、性别、出生年月、户口所在地、现居住城市等个人基本信息，其中户口所在地为"某省"，现居住城市为"浙江杭州西湖区"。经公证证明，闫某投递的前述"董事长助理"岗位求职申请在 2019 年 7 月 4 日 14 点 28 分被查看后随即被拒绝，"拒绝原因"处显示"不合适原因：某省人"；"法务专员"岗位求职申请在同日 14 点 28 分被查看后随即被拒绝，"拒绝原因"处显示"不合适原因：某省人"。闫某认为自己平等就业权受侵犯主张某某公司承担侵权损害赔偿责任以及公证证明费用 1000 元。

【案件焦点】

1.某某公司所实施的行为是否构成对闫某平等就业权的侵害。

2. 侵权责任承担方式的确定。

【法院认为】

杭州互联网法院审理认为：劳动者可以在其平等就业权受到平等主体侵害时向人民法院提起民事诉讼，寻求民事侵权救济。

一是某某公司所实施的行为是否构成对闫某平等就业权的侵害。结合《侵权责任法》（已废止，下同）中关于侵害他人人格权的构成要件，某某公司是否侵害闫某平等就业权，应从某某公司是否存在就业歧视行为、闫某就业机会是否受到侵害、就业歧视与不利后果之间是否存在因果关系及是否存在主观过错方面进行评判。

关于某某公司对闫某是否存在就业歧视行为。就业歧视的本质特征是没有正当理由地差别对待，其包含两个方面的基本要素：第一，存在差别对待的行为；第二，这种差别对待缺乏合理性基础，为法律所禁止。某某公司根据求职者所在地域这一标准对人群进行了归类，并根据这一归类标准而给予闫某低于正常情况下应当给予其他人的待遇，即拒绝录用，可以认定某某公司因地域事由要素对闫某进行了差别对待。而地域事由属于闫某乃至任何人都无法自主选择、控制的与生俱来的"先赋因素"，在某某公司无法提供客观有效的证据证明地域要素与闫某申请的工作岗位之间存在必然的内在关联或存在其他的合法目的的情况下，某某公司的区分标准不具有合理性，构成法定禁止事由。故而法院认定某某公司构成对闫某的就业歧视。

关于闫某是否因歧视遭受不利后果、某某公司是否存在主观过错。某某公司直接以闫某系"某省人"为由，两次拒绝闫某的求职请求，直接剥夺了闫某平等参与和平等被对待的就业机会，对其人格尊严和意志自由构成侵害，闫某在求职中遭受的损害与某某公司歧视行为存在直接因果关系。同时，某某公司工作人员以公司名义对外在智联招聘平台发布招聘信息、回复求职者求职申请的行为，系公司工作人员的职务行为，因职务行为产生的过错，对外应视为公司法人过错，责任应由公司法人承担。从本案查明的事实可以推定，某某公司对于其实施的歧视行为至少存在主观上明知或应知而放纵损害发生的主观过错，具有可归责性。

二是侵权责任承担方式的确定。闫某主张某某公司给付精神抚慰金、赔偿损失和赔礼道歉。对劳动者平等就业权的侵害，会在不同程度上对劳动者精神造成损害，对于某某公司侵害闫某平等就业权的行为，闫某主张受到精神损害，要求赔偿精神抚慰金，依法应予支持。在确定精神抚慰金数额时，一方面，考虑受害人的损害程度、经济状况、年龄、性别、社会地位等因素；另一方面，要考虑加害人的过错程度、侵权的具体情节、经济状况、认错态度等因素，并辅之以侵权行为地一般收入水平、经济状况等外在环境因素，综合全案情形酌情确定。法院最终判决某某公司赔偿闫某精神抚慰金9000元。

某某公司对闫某实施就业歧视，闫某要求某某公司赔礼道歉，法院依法应予支持。《侵权责任法》的立法目的除保护民事主体的合法权益外，还包括预防并制裁侵权行为，就业领域的地域歧视社会影响大、波及范围广、受影响的人群多，而现实中侵权主体的违法成本低，单靠口头上的赔礼道歉难以达到教育、预防及制裁的效果；且某某公司至少存在明知或应知而放纵损害发生的主观过错，且在事件发生后未及时认识到问题的性质，以消极态度予以应对，故法院酌情确定由某某公司向闫某进行口头道歉并在国家级媒体《法治日报》上登报道歉。

杭州互联网法院判决如下：一、某某公司应于判决生效之日起十日内赔偿闫某精神抚慰金及合理维权费用损失共计

10 000元;二、某某公司于判决生效之日起十日内,向闫某进行口头道歉并在《法治日报》公开登报赔礼道歉(道歉声明的内容须经审核);逾期不履行,本院将在国家级媒体刊登判决书主要内容,所需费用由某某公司承担;三、驳回闫某其他诉讼请求。

闫某和某某公司均不服一审判决,提起上诉。

浙江省杭州市中级人民法院经审理认为:闫某通过智联招聘平台向某某公司投递简历,某某公司在查看闫某简历后快速给出不合适的结论,并注明"不合适原因:某省人",该表意清晰,系以闫某的籍贯为由拒绝给予就业机会。某某公司诉称未录用闫某的原因系其简历过于简单,并非出于对籍贯的歧视,并于二审中提供了其他应聘人员的简历作为比对以印证该主张。但该主张与其在招聘网站给出的拒绝理由明显不符。某某公司未能合理解释籍贯与闫某应聘的岗位内容之间的内在联系,故籍贯因素系与案涉工作岗位无关的因素,某某公司以与该工作内在要求没有必然联系的因素对闫某应聘进行不合理的限制,拒绝给予其就业机会,客观上已经构成就业歧视。

某某公司工作人员对于应聘者的过滤和选择反映了某某公司对应聘人员的选择和评判标准,其职务行为的法律后果应归属于公司。某某公司二审提交的新证据用于证明其录用过某省员工,并不影响对其以"某省人"为由拒绝给予闫某就业机会的事实认定。

综上,某某公司以"某省人"为由拒绝给予闫某就业机会的行为已经构成就业歧视,其存在侵权的主观过错,该就业歧视行为导致闫某丧失了就业机会,损害了闫某作为劳动者的人格尊严,原审判决据此认定该公司构成对闫某就业权的侵害,一审判决认定事实清楚,适用法律正确,应予维持。依照《民事诉讼法》第170条第1款第1项之规定,判决如下:驳回上诉，维持原判。

【典型意义】

本案虽因闫某作为某省人遭受就业地域歧视而引发，但本案争议的本质系发生在就业领域的不合理区别对待。就业是最大的民生，就业公平无疑是民众最大的期待，就业歧视涉及每一个劳动者的公平正义。一方面，平等的就业权是公民最重要、最基本的生存权利，是公民生存和发展的基础，依法应受到法律保护。人的特征几乎是无限多的，今天闫某因"某省人"的地域标签受到歧视，明天其他劳动者也可能因民族、种族、性别、宗教信仰、年龄、容貌、方言、血型，甚至是姓氏、星座等形形色色、数不胜数的事由遭到不公平对待，而前述特征中只有极少数特征与工作及其所产生的社会效益相关，故对于侵害劳动者平等就业权的歧视行为，应旗帜鲜明地给予否定，对遭受侵害的权利依法给予及时、适当救济，以维护法律公平正义的价值秩序及公民合法权益。另一方面，用人单位合理、合法的自主用人权利应当受到尊重，市场在配置劳动力资源过程中的决定性、基础性作用不容否定，但用人单位的自主权应受到法律的规制。劳动作为一种资源或财富的分配方式，有分配就会产生竞争，进而不可避免会产生差别，竞争促进发展，并非所有的差别对待都构成歧视，但对资源的分配应符合正义标准——相同者予以相同处理，不同者予以区别对待，歧视的本质不是差别，而是不正当的差别对待，故用人单位的用工自主权不应突破法律禁止的红线，有必要通过司法的评价和确认来厘清权利的边界，引导建立兼具公平、效率的用工秩序和市场环境。

用人单位依法享有自主用人的权利，但不得侵害劳动者平等就业的合法权利，关键是要划清用人单位自主用工权和劳动者平等就业权的界限。《就业促进法》第3条在明确规定民族、种族、性别、宗教信仰四种法定禁止歧视事由时使用"等"字结尾,表明该条款是一个不完全列举的开放性条款,即法律除认为前述四种事由构成不合理差别对待的禁止性事由外,与前述事由性质一致的其他不合理事由,亦为法律所禁止。何种事由属于前述条款中"等"的范畴,现阶段司法实践中一个重要的判断标准是,用人单位是根据劳动者的专业、学历、工作经验、工作技能以及职业资格等与"工作内在要求"密切相关的"自获因素"进行选择,还是基于劳动者的性别、户籍、身份、地域、外貌、民族、种族、宗教等与"工作内在要求"没有必然联系的"先赋因素"进行选择,后者构成为法律禁止的不合理就业歧视。劳动者的"先赋因素",是指人们出生伊始所具有的人力难以选择和控制的因素。法律作为一种社会评价和调节机制,不应该基于人力难以选择和控制的因素给劳动者设置不平等限制;反之,应消除这些因素给劳动者带来的现实上的不平等。将与"工作内在要求"没有任何关联性的"先赋因素"作为就业区别对待的标准,根本违背了公平正义的一般原则,不具有正当性。

我们都希望生活在一个凭自身能力、不懈奋斗就能实现人生价值的社会,这不仅需要从法律、制度层面规范用人制度,消除一切影响平等就业的制度障碍和就业歧视,更需要在每一个劳动者心中培育相互尊重、宽容、多元的社会文化,本案的典型意义就在于此。

二、在职培养协议约定服务期限内离职违约金的合法性认定
——某大学诉谢某某人事争议案

【案件基本信息】

1. 案号

（2020）兵01民终135号

2. 案由

人事争议

3. 当事人

原告（反诉被告、被上诉人）：某大学

被告（反诉原告、上诉人）：谢某某

【基本案情】

谢某某自2005年9月14日与某大学签订劳动服务合同书后一直在该大学任教。依据教育部办公厅文件，浙江大学为对口支援的某大学单独招生、定向培养博士研究生。2011年5月26日，某大学人事处与浙江大学研究生院及谢某某共同签订《对口支援高等学校定向培养攻读博士学位研究生协议书》（以下简称《定向培养协议书》）。同年8月24日，谢某某与某大学签订《某大学在职人员攻读博士学位研究生协议书》（以下简称《在职读博协议书》），约定谢某某学习期限为2011年6月至2015年7月，学习结束后应回某大学，服务年限不得少于8年，如违约则需返还学习期间某大学所发的各项费用及相应费用50%的违约金。《在职读博协议书》依程序向某大学主管部门备案。

谢某某博士研究生毕业返校任教17个月后，于2017年5月离开某大学到四川大学任教，并于2018年11月起诉要求某大学补发扣发的2016年科研奖励、津贴。2019年2月28日，

新疆生产建设兵团第一师中级人民法院（2019）兵01民终291号民事裁定书维持一审法院作出的确认谢某某与某大学之间已解除人事聘用合同关系，驳回谢某某要求补发某大学扣发其2016年的科研津贴、科研奖励及绩效考核共计50 000元诉求的判决。

2019年11月4日，某大学提起劳动仲裁，要求谢某某退还攻读博士研究生期间，某大学向其发放的各项费用，支付违约金，合计291 245.1元，仲裁裁决不予受理。某大学不服仲裁裁决，诉至法院。

【案件焦点】

两份协议书约定服务期限违约金是否合法问题。

【法院认为】

新疆生产建设兵团阿拉尔垦区人民法院认为：浙江大学研究生院、某大学人事处与谢某某共同签订的三方《定向培养协议书》与谢某某和某大学签订的《在职读博协议书》，尽管两协议具有一定的人身依附性，但其法律性质并非单纯的劳动合同。协议中对培养对象最低服务期、违约后经济赔偿的约定，与我国现行法律法规并不相悖。

在国家大力扶持西部偏远、落后、民族地区高校的政策背景下，谢某某利用处在祖国西部民族地区某大学的资源，就读对口支援名校取得博士学位证、毕业证后毁约的行为，会带来后续不良的示范作用，给某大学造成一定的损失。《劳动合同法》第22条规定："用人单位为劳动者提供专项培训费用，对其进行专业技术培训的，可以与该劳动者订立协议，约定服务期。劳动者违反服务期约定的，应当按照约定向用人单位支付违约金。违约金的数额不得超过用人单位提供的培训费用。用人单位要求劳动者支付的违约金不得超过服务期尚未履行部分所应分摊的培训费用。用人单位与劳动者约定服务期的，不影响按照正常的工资调整机制提高劳动者在服务期期间的劳动报酬。"谢某某和某大学签订的《在职读博协议书》中尽管未约定具体的培养费用（包括政策倾斜给培养对象带来的隐形红利等），但谢某某在读书期间并未完成正常的教学任务，故谢某某应当按照双方协议约定的未满8年服务期限需退回读博期间发放的费用以及支付50%违约金的约定承担赔偿责任。

新疆生产建设兵团阿拉尔垦区人民法院依照《劳动合同法》第22条规定，判决如下：一、被告（反诉原告）谢某某支付原告（反诉被告）某大学各项费用291 245.1元，于本判决生效后三日内一次性付清；二、驳回反诉原告谢某某的起诉。

谢某某不服，提出上诉。新疆生产建设兵团第一师中级人民法院二审查明《在职读博协议书》约定的违约后经济赔偿具体为（某大学向谢某某支付的教育经费＋谢某某在读期间某大学向谢某某支付的工资及其他福利待遇）÷8×（8-谢某某回某大学工作的实际时间年限）×（1+50%）。二审法院认为，《在职读博协议书》不违反法律、行政法规的规定，为有效合同。《劳动合同法》第90条规定："劳动者违反本法规定解除劳动合同，或者违反劳动合同中约定的保密义务或者竞业限制，给用人单位造成损失的，应当承担赔偿责任。"协议中就谢某某单方违约需一次性向学校退还和缴纳费用的条款并无不当，谢某某理应按照约定承担赔偿责任。

二审法院同时认为，对于西部院校而言，内地高校对口支援定向培养博士的名额属稀缺资源，谢某某占用名额完成博士学业后，不履行双方有关服务期的约定，并在与某大学的劳动合同尚未解除时就与其他单位建立劳动关系，违反了诚信原则，给某大学造成了实际损失和占用读博专项指标名额等隐性损失。谢某某的上诉请求不成立，应予驳回。一审认定事实虽有瑕疵，适用法律略有不当，但裁判结果正确，应予维持。

新疆生产建设兵团第一师中级人民法院依照《民事诉讼法》第170条第1款第1项规定,判决:驳回上诉,维持原判。

【典型意义】

本案相关的定向培养协议以及在职培养协议中服务期违约金问题属于人事争议纠纷。人事争议与劳动争议一直适用双轨制审理,而《事业单位人事管理条例》作为行政法规对人事体系违约金数额无相关涉及。对于事业单位人员聘用合同具体管理办法各地自行规定,服务期限及违约金具体标准各异。例如,根据《沈阳市事业单位聘用合同制办法》,受聘人员及聘用单位出资培训的,双方应当根据实际情况约定培训后的服务期限,没有约定的,受聘人员要求解除合同时,聘用单位可适当收取培训费。费用按照培训后为单位服务的年限以每年递减培训20%的比例计算。根据《上海市事业单位聘用合同管理办法》,聘用合同当事人违反聘用合同约定的,应当承担相应的责任。给对方造成经济损失的,应当承担赔偿责任。

本案当事人为事业单位聘用人员,与用人单位及培养机构签订《定向培养协议书》《在职读博协议书》,是协议各方根据实际情况进行确定的,培训后违约金的数额原则上由双方当事人在合同中自行约定。服务期违约金条款的审查要遵循以下原则:一是诚信原则。诚信是公民进行民事活动的基本准则之一,权利和义务具有不可分性,任何一方不能在履行完协议对其有利的部分后,而不履行协议对其不利的部分;亦不能在对其有利的条件下认可所签协议内容,在对其不利的情况下出尔反尔。不能仅为追求个人利益而罔顾集体利益、社会利益,长此以往将培养出更多的精致利己主义者,与社会主义核心价值观相背离。二是协议双方平等原则。违约金是合同双方当事人约定的结果,劳动者违反服务期约定的,应当按照约定向用人单位支付违约金,体现了合同中的权利义务对等原则。用人单位与劳动者约定违约金时不得违法，即违约金的数额不得超过用人单位提供的相应费用。违约时，劳动者所支付的违约金数额不得超过服务期尚未履行部分所应分摊的相应费用。用人单位对聘用人员有投入并导致其获得利益。用人单位为聘用人员提供培训费用，并支付劳动报酬和其他待遇，使聘用人员学到了本事。同时，用人单位使劳动者接受培训的目的，在于聘用人员回来后为单位提供约定的劳动，聘用人员服务期未满离职，使用人单位期待落空。通过约定服务期，可以平衡双方利益。三是促进社会和谐稳定原则。由于用人单位提供了技能培训等服务，劳动者在劳动力市场的竞争力得到增强，就业机会也会增加。在这一前提下，应当鼓励用人单位给予员工特殊待遇，同时允许提供培训的单位获得相应权利（如设置服务期），从而促进劳动关系的和谐稳定，鼓励其加大对劳动者技能培训的资金投入力度，以实现建立和谐的劳动关系、弘扬良好社会风气之目标。对于违约金的审查应当尊重双方意思自治，当聘用人员对于违约金标准提出异议时，应参照《民法典》的相关规定予以调整，并应综合双方约定、离职理由、提供服务时间、劳动者收入以及用人单位是否存在过错等情况遵循公平合理的原则进行判决。

三、应当恪守诚信，按约履行协议
——广西某公司诉某县政府、某县自然资源局不履行法定职责案

【案件基本信息】

1. 案号

（2017）桂10行初222号

2. 案由

不履行法定职责

3. 当事人

原告：广西某公司

被告一：某县政府

被告二：某县自然资源局

【基本案情】

某县人民政府以招商引资方式引进广西某公司投资建设"某大学附属学校"项目，并签订《某大学附属学校项目投资建校协议书》（以下简称《投资建校协议书》），明确约定："某县人民政府以土地出让方式提供学校项目用地1100亩。"其后，双方又签订《某大学附属学校项目投资建校补充协议书》（以下简称《投资建校补充协议书》），同意将原来的协议变动为"原协议书第1条中1100亩学校项目建设用地的供地方式改为：600亩商业配套用地由乙方通过法定程序取得土地使用权；500亩教育用地采取无偿划拨方式供地。"《投资建校协议书》和《投资建校补充协议书》签订后，广西某公司依约投资3.1亿元建设了学校教学楼和教室。至起诉时，某县人民政府、某县自然资源局始终没有按照双方签订的协议将相关地块使用权变更至广西某公司名下，没有为广西某公司办理相关土地划拨手续。相反，某县人民政府将该地出让给广西某开发投资有限公司，并办理了土地证。为此，广西某公司多次口头、书面向二被告提出办理该宗地土地使用权证的申请，但某县人民政府、某县自然资源局相互推诿仍不履行职责。某县人民政府之后又将办理给广西某开发投资有限公司的土地证变更到某大附校名下，仍然没有依约变更到广西某公司名下。

【案件焦点】

某县人民政府、某县自然资源局没有全面履行《投资建校协议书》和《投资建校补充协议书》的行为是否违法；某县人民政府、某县自然资源局是否应依照以上两个协议的约定将土地使用权证变更至广西某公司名下。

【法院认为】

广西壮族自治区百色市中级人民法院认为：某县人民政府与广西某公司在平等自愿的基础上签订《投资建校协议书》和《投资建校补充协议书》后，广西某公司投入将近3.1亿的建设资金，完成了诉争项目的教学楼建设，履行了与某县人民政府所签订的协议。但某县人民政府违反约定，没有按协议将土地提供给广西某公司。某县人民政府的行为违反了法律规定，也违背了当今社会所恪守的诚实守信的契约精神，其行为是违法的。某县人民政府及某县自然资源局以2017年9月1日施行的《民办教育促进法》第36条"民办学校对举办者投入民办学校的资产、国有资产、受赠的财产以及办学积累，享有法人财产权"为依据，抗辩称民办学校存续期间，所有资产由民办学校依法管理和使用，任何组织和个人不得侵占，就算有投资方投资的钱物，该资产所有权均属于民办学校，其认为广西某公司不应得到诉争地块的土地使用权。法院认为，《民办教育促进法》第36条的内容并没有禁止将土地提供给他人的法律规定，广西某公司与某县人民政府及第三人某大学附属学校自愿签订协议，协议约定的土地提供方式没有与该法律冲突，而且，依照协议的约定将土地变更至广西某公司名下也不影响民办学校享有的法人财产权。因此，某县人民政府以《民办教育促进法》第36条的规定来抗辩广西某政府的诉求是不成立的。

某县人民政府及某县自然资源局的行为有悖于目前国家优化投资营商环境的政策，某县人民政府及某县自然资源局始终不给广西某公司变更办理土地使用证的做法，导致广西某公司对诉争地块及其建设项目的投资得不到任何回报，还严重侵害了广西某公司的合法权益，导致广西某公司的名誉和财产都遭受极大的损失，也严重损害了某县人民政府及某县自然资源局的政府公信力，对当地招商引资造成了不良影响。广西某公司作为政府招商引资建设项目的投资方，却由于政府方面的原因遭受了损失，某县人民政府及某县自然资源局不履行协议约定的职责，致使某大学附属学校的配套商业用房设施不能及时得到建设，严重影响某大学附属学校的正常教学运营活动，某县人民政府在本案中的行为损害了当地招商引资的市场环境，有失公平公正，与当前国家强调贯彻优化营商环境，保护民营企业发展的政策背道而驰。某县人民政府及某县自然资源局应该及时履行协议约定的法定职责，尽快将诉争地块的土地使用权依照协议约定变更至广西某公司名下。

广西壮族自治区百色市中级人民法院判决如下：一、确认某县人民政府未全面履行《投资建校协议书》和《投资建校补充协议书》的行为违法；二、责令被告某县人民政府及某县自然资源局在本判决生效之日起九十日内，根据本判决依法履行《投资建校协议书》及《投资建校补充协议书》中约定的义务，办理相关土地证给原告。

【典型意义】

诚实守信是依法行政的基本要求，是社会主义核心价值观的重要内容。政府遵守签订的协议是社会信用体系建设的关键，各类政务行为主体的诚信水平，对其他社会主体诚信建设有着重要的表率和导向作用。只有政府诚信行政，带头履行行政允诺、行政契约和行政协议，才能取得"城门立木"的效果，才能更快带动全社会诚信意识的树立和诚信水平的提高，人民法院应当监督政府及相关工作部门兑现向行政相对人依法作出的协议承诺，不支持地方以政府换届、领导人员更替等理由违约毁约，政府违反承诺导致相对人经济损失的，要承担法律和经济责任。

四、确认见义勇为是否成立时可采用高度可能性的证明标准

——黄某某、曾某某诉某区人民政府见义勇为行政确认案

【案件基本信息】

1. 案号

一审:(2019)川16行初4号;二审:(2020)川行终1103号

2. 案由

见义勇为行政确认

3. 当事人

上诉人(原审被告):黄某某

上诉人(原审被告):曾某某

被上诉人(原审原告):某区人民政府

【基本案情】

2013年8月18日上午,黄某某、曾某某之子黄某应邀到其女同学柏某家帮收稻谷。午饭后,黄某、柏某以及柏某的表弟刘某某一同前往别处同学家,途经广安市某区某镇某村某组水塘处玩耍时发生溺水事件,黄某、刘某某二人溺水身亡,柏某生还。

广安市公安局某区分局(以下简称某区公安分局)某派出所于当天对柏某进行调查询问,柏某陈述的主要内容:当时系黄某不慎落水,刘某某见状被吓得掉进水中,自己下水救二人未果,求助村民打捞施救,但黄某、刘某某二人被救上岸后已经死亡。

2013年8月26日,广安市某区某镇人民政府(以下简称某镇人民政府)组织柏某的父母与黄某某、曾某某按普通溺亡事件进行调解,由柏某父母补偿黄某某、曾某某10 000元(该款已经支付),某镇人民政府为黄某某、曾某某提供困难补助13 000元。

之后,黄某某、曾某某对黄某的死因结论产生异议。多次通过QQ等方式与柏某联系,试图了解黄某溺亡情况。2013年11月22日,柏某QQ空间发表了标题为"证明同学黄某应该获得见义勇为的称号"的日志,日志内容载明:当天系其表弟刘某某先不慎落水,黄某跳入水中救刘某某,自己下水救人感觉快不行时,被黄某推开才得以上岸。黄某冒着生命危险救人的行为,应该表扬。黄某某、曾某某在收集了柏某QQ日志等材料后向广安市某区人民政府请求对黄某、刘某某溺水死亡事件进行重新调查。

2014年3月,广安市某区人民政府组成联合调查组,对黄某、刘某某溺水死亡事件进行核查。2014年4月11日,联合调查组对柏某进行调查询问,柏某陈述的主要内容如下:当时是刘某某不慎落水,黄某便跳入水中救人,二人都不会游泳,后二人被淹死了。

2014年8月10日,某区公安分局向广安市某区社会治安综合治理委员办公室(以下简称某区综治办)提供关于建议确认黄某见义勇为行为的申报材料。2015年4月8日,某区综治办作出《关于黄某某、曾某某为黄某申报见义勇为事项的答复意见书》,认为黄某不符合见义勇为的申报条件,故不予申报。黄某某、曾某某不服该意见,向四川省广安市中级人民法院提起诉讼。

2016年4月26日,某区人民政府作出《关于某镇村民黄某溺亡不应认定为见义勇为的决定》,认定2013年8月18日发生的黄某、刘某某溺亡事件,属于意外事件,不应认定黄某为见义勇为。黄某某、曾某某对此不服,再次起诉至四川省广安市中级人民法院。四川省广安市中级人民法院于2016年9月8日作出(2016)川16行初6号行政判决,认为此次溺水事件唯一目击证人柏某的证言前后矛盾,某区人民政府作出不予认定为见义勇为的决定并无不妥,遂判决驳回黄某某、曾某某的诉讼请求。

黄某某、曾某某不服,上诉至四川省高级人民法院,四川省高级人民法院于2018年7月9日作出(2016)川行终27号行政判决,认为某区人民政府作出的《关于某镇村民黄某溺亡不应认定为见义勇为的决定》未对相关要件事实进行认定,属事实不清,判决:一、撤销四川省广安市中级人民法院(2016)川16行初6号行政判决;二、撤销某区人民政府作出的《关于某镇村民黄某溺亡不应认定为见义勇为的决定》;三、责令某区人民政府于判决生效之日起60日内重新作出具体行政行为。

其后,某区综治办对相关人员进行了调查取证,向黄某某、曾某某发出了提交证据的通知,并向某区人民政府提交了关于黄某溺亡不应确认为见义勇为的请示。2018年9月30日,经六届某区人民政府第30次常务会研究,某区人民政府作出《关于不予确认黄某的行为为"见义勇为"的决定》。

案涉溺水事故发生后,柏某先后三次接受相关部门调查询问,第一次是案发当日即2013年8月18日15时许,由某镇人民政府工作人员进行的调查询问(以下简称为第一次调查)。第二次是案发当日即2013年8月18日19时35分至20时32分,由某区公安分局某派出所民警进行的调查询问(以下简称为第二次调查)。第三次是2014年4月11日至2014年4月12日,由某区委政法委与某区公安分局组成的联合调查组进行的调查询问(以下简称为第三次调查)。其中第一次调查笔录已经遗失,某镇人民政府于2014年4月16日向某区公安分局出具书面情况说明,载明:因工作人员在年终清理资料时将材料不慎丢失。

柏某在第二次调查时陈述"我从旁边下去,一下就把我淹到了,觉得自己已经无能为力了,在水下我感觉黄某用一只手推了一下我后腰部，向岸边推的，我就拼命游，踩着一块石头爬上去了"。柏某在第三次调查时称："我当时下水后，一会儿沉下去，一会儿浮上来，我当时只想着自己要活下来，感觉到有人推了我一下，我才从水中脱险。我与黄某当时的距离很近，与刘某某距离较远，且刘某某越来越远。"

柏某除在第二次调查时陈述系黄某洗脚不慎落水外，其之后在QQ日志、短信以及第三次调查时均陈述系刘某某不慎落水后，黄某为施救才下水溺亡。对于第二次和第三次调查中黄某落水原因陈述不一致的问题，柏某在第三次调查时作出解释：因刘某某为其舅父的儿子，当时害怕黄某的父母因此找舅父、舅母讨要说法，所以在第二次调查时将二人落水顺序颠倒，编造了谎言，隐瞒黄某救人溺亡的事实。

2013年8月18日，黄某、柏某、刘某某均系未成年人。根据柏某陈述，当日黄某在帮柏某收割稻谷并吃完午饭后，系柏某主动提出到其同学家玩耍，其后由黄某骑车搭载柏某、刘某某行至溺水事故事发地点，并由刘某某主动提出要在水塘处玩耍。

【案件焦点】

在溺水事故中黄某是否有特定义务实施保护救助行为，以及黄某是否对刘某某或柏某实施了保护救助行为。

【法院认为】

四川省高级人民法院认为：关于黄某是否有特定义务的问题。依据《四川省保护和奖励见义勇为条例》第2条规定，见义勇为，是指公民在履行特定义务以外，为保护国家、集体利益或他人人身、财产安全，不顾个人安危，同各种违法犯罪作斗争或者抢险救灾的行为。特定义务在司法实践中一般理解为法定职责、法定义务、约定义务。首先，法定职责，是指因为特定工作职责而应履行的保护救助义务，显然，黄某作为未成年人没有保护救助的法定职责。其次，相伴出行人员之间的安全保障义务及程度应当结合人员年龄、邀约组织、亲疏关系等情况而确定。本案在黄某、柏某、刘某某均系未成年人，柏某系刘某某表姐，且系柏某组织邀约到其他同学家玩耍以及刘某某提议在水塘处玩耍的情况下，黄某、柏某、刘某某之间虽应相互帮助照顾，但黄某作为未成年人并不因相伴出行而负有相应溺水施救的法定义务。最后，虽然黄某、柏某较刘某某年长，但黄某、刘某某、柏某作为平等的未成年人，其并没有口头或书面约定的相互保护救助的权利义务。故本案中黄某符合见义勇为的主体资格。

关于黄某是否实施了保护救助行为的问题。该问题的认定取决于确认见义勇为行为应当适用何种证明标准。按照行政法基本原理，行政行为作出前事实认定应坚持事实清楚、证据确凿的标准，但不同行政行为因其内容、对象不同，证据证明标准亦应有所区别。具体来说，行政行为以其对行政相对人利益的不同影响为标准，可分为授益性行政行为和负担性行政行为，负担性行政行为往往涉及对行政相对人权利减损或义务负担，而授益性行政行为往往使行政相对人获得利益，故此两类行政行为应当适用不同的证明标准，即授益性行政行为的证明标准应当适当低于负担性行政行为的证明标准。结合本案，见义勇为的认定明显不属于负担性行政行为，且见义勇为行为往往是在紧迫、危急情形下所实施，实施者在实施前难以考虑过程记录、证据保存等问题。如在见义勇为行为事实认定上采取过高的证据证明标准，将会导致部分确实实施了见义勇为行为的人，因证据不能达到证据确凿的证明标准而不能获得法律法规所规定的奖励和保护，不利于弘扬社会主义核心价值观，不利于相互帮助、见义勇为等行为在人民群众中的认同和施行，使陷于危险的人得不到及时救助，偏离《四川省保护和奖励见义勇条例》弘扬正气、鼓励见义勇为、加强社会治安综合治理、促进社会主义精神建设的立法目的。基于此，法院认为，见义勇为行为的确认中应当合理把握证据证明标准，适用高度可能性的证据证明标准，即根据行政相对人提供的和行政机关收集的证据，在全面充分调查的基础上，运用逻辑推理和生活经验，确信待证的见义勇为事实的存在具有高度可能性的，应当认定该事实存在。

具体到本案，在柏某为唯一目击证人的情况下，其在事发后第一时间内所作调查陈述更具可信性，但这一规则并不必然排除其后所作不一致甚至相反陈述的真实性，能否采信其后陈述关键在于对不一致陈述是否作出了合理解释以及是否符合逻辑和日常生活经验。首先，柏某第一次调查询问材料，某镇人民政府已遗失。柏某在第二次调查时，陈述黄某因洗脚先落水，但其后的 QQ 日志、电视台采访以及第三次调查时均陈述黄某为施救不慎落水的刘某某而下水遇险，且对前后陈述不一致的原因作出了"因刘某某为其舅父的儿子，当时害怕黄某的父母因此找舅父、舅母讨要说法，所以在公安机关调查询问时将二人落水顺序颠倒，编造了谎言，隐瞒黄某救人溺亡的事实"的合理解释。其次，通过柏某在第二次调查时"感觉黄某用一只手推了一下我后腰部"的陈述以及第三次调查时"感觉有人推了我一下""我与黄某当时距离很近，与刘某某距离较远，且刘某某越来越远"的陈述可以认定在三人均落水后，柏某与黄某较近，最远为刘某某，符合先落水人员与岸边距离较后落水人员远的生活经验法则，柏某在第三次调查时对落水情况的陈述即刘某某先落水更具可信性。故黄某下水对刘某某实施救助行为这一待证事实存在高度可能性。最后，从柏某在第二次调查和第三次调查中的陈述来看，柏某在第二次调查时陈述"感觉黄某用一只手推了一下我后腰部"，在第三次调查时陈述"感觉有人推了我一下""我与黄某当时距离很近,与刘某某距离较远,且刘某某越来越远",两次陈述连贯一致,且第二次调查时明确陈述系黄某推其后腰部,应当认定黄某在克服溺水求生本能的情况下救助了柏某,使柏某成为唯一幸存者。故综上所述,依据《最高人民法院关于行政诉讼证据若干问题的规定》第54条"法庭应当对经过庭审质证的证据和无需质证的证据进行逐一审查和对全部证据综合审查,遵循法官职业道德,运用逻辑推理和生活经验,进行全面、客观和公正地分析判断,确定证据材料与案件事实之间的证明关系,排除不具有关联性的证据材料,准确认定案件事实"之规定,应当认定黄某对刘某某、柏某实施了救助行为。故某区人民政府在2018年9月30日作出的《关于不予确认黄某的行为为"见义勇为"的决定》主要证据不足,适用法律错误,依据《行政诉讼法》第70条"行政行为有下列情形之一的,人民法院判决撤销或者部分撤销,并可以判决被告重新作出行政行为:(一)主要证据不足的;(二)适用法律、法规错误的……"之规定,应当予以撤销。

四川省高级人民法院判决如下:一、撤销四川省广安市中级人民法院(2019)川16行初4号行政判决;二、撤销广安市某区人民政府2018年9月30日作出的《关于不予确认黄某的行为为"见义勇为"的决定》;三、责令广安市某区人民政府于本判决生效之日起六十日内作出确认黄某的行为属于见义勇为的行政行为;四、驳回黄某某、曾某某的其他诉讼请求。

【典型意义】

"公正与效率"是实践高质量人民司法的核心要义。在一些早期的审判过程中,出现了只注重结案率不注重社会效果及社会影响的司法裁判。如扶老人的问题,助人为乐、互帮互助本来就是中华民族的传统美德,体现出了友善的社会主义核心价值观念,原本是应当弘扬和发展的好人好事,但最后网民讨论的主题却演变成"扶不扶"的"灵魂拷问"和"怎么扶"的"技术性"问题。

法律是生活经验的总结，不是生活法则的创造者，不能强人之所难。如果对判断见义勇为这一类践行和弘扬了社会主义核心价值观的行为是否成立苛以过高的证明标准，将会极大地打击见义勇为行为人的救助积极性，使得一些确实发生的见义勇为行为无法得到社会认同及相关奖励，不利于弘扬和发展中华优秀的传统文化，不利于社会主义核心价值观的弘扬和发展。负有法定职责的行政机关在确认见义勇为这一类符合社会主义核心价值观的行为成立与否时，可以采取"高度可能性"的证明标准。

五、不能因村民补办户籍、长期外出打工而剥夺其村民待遇
——刘某某诉某市某区人民政府土地行政征收安置补偿案

【案件基本信息】

1. 案号

一审：（2015）淮行初字第00043号；二审：（2015）皖行终字第00407号；再审：（2018）最高法行再46号

2. 案由

土地征收安置补偿

3. 当事人

再审申请人（一审被告、二审上诉人）：刘某某

再审被申请人（一审被告、二审上诉人）：某市某区人民政府

【基本案情】

2011年年初，因安徽省某市经济开发区建设需要，某市人民政府委托某区人民政府作为征收实施单位，对某庄等自然村的房屋及附着物实施征收，征收安置面积为20㎡／人。刘某

某于1969年12月出生于某庄,1993年出嫁至某镇某楼村某某口庄,其离婚后冒用他人的身份证件长期外出打工。1996年某庄生产队调整土地时,刘某某的承包地全部被收回。自1996年后,刘某某未在某庄正常居住生活,在该村无房产和土地。2012年12月,某市公安局经调查了解刘某某基本情况后,于2013年11月5日为刘某某补办了户籍。

【案件焦点】

刘某某是否应当享有征收安置补偿待遇。

【法院认为】

最高人民法院认为:《某市人民政府办公室关于印发某市经济开发区新区建设土地房屋征收补偿方案的通知》指出,涉案征收项目的登记人口范围为"人口核查登记截止日期之前的公安机关在册的常住农业人口"。本案中,某市公安局于2013年11月5日为刘某某补办了户籍。该时间虽然晚于征收补偿方案中规定的"人口核查登记截止日期",但从某市公安局某派出所于2015年6月26日出具的《关于刘某某户籍情况说明》的相关内容看,该户籍补办行为系对刘某某出生于某庄,且户籍一直未予迁出事实的确认,而非将其作为新迁入人口创建户籍。故而,该补办行为具有对刘某某所拥有的某庄户籍溯及既往的追认效力。因此,虽然刘某某的户籍补办行为发生在征收补偿方案中规定的"人口核查登记截止日期"之后,但原审法院以此认定刘某某系从户籍补办之日起方具有某庄户籍,并因之否认刘某某被安置人员的身份,殊为不当,予以指正。

本案庭审中,被申请人主张,由于刘某某长期在外打工,故不属于"常住"农业人口,不符合安置人员条件。对此,最高人民法院认为,农民进城务工对我国现代化建设作出了重大贡献。一直以来,党中央、国务院都高度重视农民工问题,并制定了一系列保障农民工权益和改善农民工就业环境的政策措施。其中，国务院于 2006 年出台的《国务院关于解决农民工问题的若干意见》中明确指出，要保障农民工依法享有的民主政治权利，农民工户籍所在地的村民委员会，在决定涉及农民工权益的重大事务时，应及时通知农民工，并通过适当方式行使民主权利。该意见虽非行政法规，但其明确传递出即使农民工长期在外务工，也不能因此以非"常住"为由，剥夺其所应享有的村民待遇的政策导向。事实上，本案征收补偿方案中，已将"参军前为本村村民的现役军人和就读大专、中专之前为本村村民的在校学生"及"服刑后返还原籍及正在服刑的劳教人员"纳入了核查人口的范围。根据逻辑推理规则，上述人员同样并非"常住"于该村，而某区人民政府却将其列为被安置人员，将合法外出务工人员排除在核查人口范围之外，显属同等情形区别对待，不符合"平等""公正"的社会主义核心价值观的要求。因此，对该主张不予支持。

根据征收补偿方案所规定的征收补偿标准，征收补偿可以选择货币补偿或产权调换。如选择产权调换，则按人口核算安置面积为 20 ㎡/人。鉴于刘某某系某庄被征收土地的村民，且没有证据表明刘某某在其他集体经济组织享受了村民待遇，故其应当享受前述 20 ㎡的安置面积或相应的货币补偿。

最高人民法院判决如下：一、撤销安徽省高级人民法院（2015）皖行终字第 00407 号行政判决；二、撤销安徽省淮北市中级人民法院（2015）淮行初字第 00043 号行政判决；三、判决某市某区人民政府于收到本判决之日起 180 日内，根据淮政办〔2011〕19 号《某市人民政府办公室关于印发某市经济开发区新区建设土地房屋征收补偿方案的通知》确定的标准，对刘某某进行安置补偿。

【典型意义】

据国家统计局统计，至 2022 年年末，全国农民工总量近 3

亿人，超过农村人口的半数，是我国改革开放和工业化、城镇化进程中涌现的一支新型劳动大军。当下，维护农民工权益仍然是需要解决的突出问题。其中的一个重要方面，就是进城务工人员在村集体经济组织中依法享有的村民权益的保护问题。国务院于2006年出台的《国务院关于解决农民工问题的若干意见》中明确要求农民工户籍地的村民委员会要保障农民工依法享有的民主政治权利，保护农民工土地承包权益，不得以农民进城务工为由收回承包地。这明确传达出平等保护外出务工村民在村集体经济组织中应当享有的村民权益的政策导向。

社会主义核心价值观既是取得全社会共识的价值目标、价值取向、价值准则，又体现了社会主义意识形态的本质要求，天然地具有保障公共政策在司法审判中贯彻执行的功能。在"平等""公正"价值的引领下，将需要补办户籍登记、外出务工村民与被列为安置人员的"参军前为本村村民的现役军人和就读大专、中专之前为本村村民的在校学生"及"服刑后返还原籍及正在服刑的劳教人员"相比较，其共同之处都是曾具有本村户籍，享受村民待遇，未常住本村，因行政管理的因素暂时未登记本村户籍，理应同等情形同等保护。本案裁判文书以精简精练的文字，围绕争议焦点，结合具体案情，具体阐释社会主义核心价值观"平等""公正"价值的内涵，并用以指导规则适用，充分将社会主义核心价值观融入司法审判，以实际行动践行在司法审判中培育和弘扬社会主义核心价值观。

六、赡养协议的受益人是否可以享有承包地被征用的补偿款

——杨某1、杨某2诉秀山土家族苗族自治县涌洞乡川河村大阪场组等承包地征收补偿费用分配纠纷案

【案件基本信息】

1. 案号

（2020）渝04民终982号

2. 案由

承包地征收补偿费用分配纠纷

3. 当事人

上诉人（原审被告）：秀山土家族苗族自治县涌洞乡川河村大阪场组

被上诉人（原审原告）：杨某1

被上诉人（原审原告）：杨某2

原审第三人：秀山土家族苗族自治县涌洞乡川河村村民委员会

原审第三人：秀山县华鑫晟建筑工程有限公司

【基本案情】

杨某3系孤寡老人，原系被告秀山土家族苗族自治县涌洞乡川河村大阪场组（以下简称大阪场组）村民，无子女，杨某1、杨某2系杨某3侄子，系大阪场组村民。2018年5月21日，因杨某3年岁大，无人照顾，经大阪场组（原上寨组）组员会议达成赡养协议，约定由原告杨某1、杨某2相互轮流赡养杨某3，杨某3老人的所有财产（包括田土、荒山及房产等）由杨某1、杨某2二人共同享受等。该协议落款处有见证人的签字和捺印，有第三人秀山土家族苗族自治县涌洞乡川河村民委员会的公章及村主任、村文书等人的签字。后杨某1、杨某2赡养杨某

3直至其去世，并办理了杨某3丧葬等全部相关事宜。原属于杨某3的7.198亩承包地因秀山川河盖旅游区开发建设项目被第三人秀山县华鑫晟建筑工程有限公司征用，补偿款均已发放至杨某3名下，土地补偿款共计278 218.6元。因大阪场组村民不同意将该占地补偿款分配给杨某1、杨某2，杨某1、杨某2遂诉至法院，请求确认上述承包地补偿款归其享有。

【案件焦点】

杨某3名下的承包地补偿款应该由杨某1、杨某2享有还是由大阪场组享有。

【法院认为】

重庆市秀山土家族苗族自治县人民法院经审理认为，杨某1、杨某2与大阪场组及第三人签订的赡养协议书关于涉案田土部分的内容，系各方当事人真实意思表示，且未违反法律、行政法规的强制性规定，不违背公序良俗，依法成立并生效。杨某1、杨某2在村委会的参与和部分村民的见证下，按照约定履行了对杨某3生养死葬的义务。杨某3死亡后，杨某1、杨某2已按照约定履行了安葬杨某3老人的义务，表明杨某3与杨某1、杨某2形成事实上的遗赠扶养关系，故杨某3名下承包地补偿款应由杨某1、杨某2享有。遂判决杨某3名下承包地补偿款278 218.6元由杨某1、杨某2享有。

宣判后，大阪场组不服，提起上诉。

重庆市第四中级人民法院经审理后认为，杨某3系以分散供养的形式进行供养的"五保"老人，其享受农村"五保"供养待遇，根据杨某3生前的实际情况应由村民委员会或集体经济组织提供照料。案涉赡养协议虽未在抬头部分明确列明赡养人与被赡养人，但从该协议的内容可以确定，该协议是针对被赡养人杨某3的赡养问题达成的协议，案涉赡养协议实质系杨某1、杨某2与大阪场组、川河村村委会对"五保户"杨某3的赡养问题所作的约定,亦即村集体将本应由其提供照料的义务通过协议的方式转移给杨某1、杨某2,并约定杨某3的所有财产(包括田土、荒山及房产等)在杨某1、杨某2履行义务后共同享有。该赡养协议尾部有赡养人杨某1及杨某2之妻刘某某的签字,见证人处有大阪场组(原上寨组)多位村民的签字和捺印,有秀山土家族苗族自治县涌洞乡川河村村民委员会的公章,还有村主任胡某某、村妇女主任吴某某及村文书姚某的签字,结合各方签字及该协议中"经川河村大阪场组(原上寨组)组员会议,关于'五保户'杨某3老人的赡养问题达成如下协议"的内容可知,该协议应当是经过杨某3所在的集体经济组织大阪场组组员会议讨论决定的,故该协议系各方真实意思表示,内容不违反法律、行政法规的强制性规定,应属有效。在该协议签订之前,杨某1就在照顾杨某3的日常生活,住院病历等相关证据也能够证明杨某3就医实际上也是杨某1在照料,在该协议签订之后,根据证人证言能够证明杨某3的日常生活系杨某1及杨某2在照料,并且在杨某3死后,也是由杨某1及杨某2负责进行安葬,杨某1、杨某2按照赡养协议的约定实际履行了其相应的义务,杨某1、杨某2履行对杨某3老人的赡养义务后,杨某3老人的土地承包经营权应当归属于杨某1、杨某2享有。在案涉承包地被征用补偿之前,一直是杨某1、杨某2在耕种,大阪场组、川河村村委会也没有人对此提出异议。据此,杨某1、杨某2有权依据赡养协议第3条"杨某3老人的所有财产(包括田土、荒山及房产等)由杨某1及杨某2二人共同享受"之约定主张案涉土地因征用而产生的补偿款278 218.6元由其享有,一审判决对此认定正确,二审法院予以明确。

综上所述,大阪场组的上诉请求不能成立,应予驳回;一审判决认定事实清楚,适用法律正确,应予维持。依照《民事诉讼法》第170条第1款第1项规定,判决:驳回上诉,维持原判。

【典型意义】

法治是社会主义核心价值观的核心内容，同时也是治国理政的基本方式之一，通过法治来维护和保障公民的合法权益，是实现公平正义的制度保证，是增强公民法治信仰的重要途径。本案中，杨某1、杨某2为了使"五保户"老人老有所终，与大阪场组组员会议达成赡养协议，约定由杨某1、杨某2相互轮流赡养杨某3及对杨某3履行生养死葬的义务。协议还约定杨某3的所有财产（包括田土、荒山及房产等）在杨某1、杨某2履行义务后共同享有。该协议是经过杨某3所在的集体经济组织大阪场组组员会议讨论决定的，是各方真实意思表示，内容不违反法律、行政法规的强制性规定，该协议合法有效，受到法律的保护。因此，杨某3老人的土地承包经营权获得的收益也应当归属于杨某1、杨某2享有。人民法院通过审理裁判，确认了案涉赡养协议是符合法律关于非直系亲属之间达成的以养老为目的的赡养协议的规定的，不仅保护了杨某1、杨某2的合法权益，也肯定了杨某1、杨某2弘扬中华民族养老敬老优良传统的行为。从弘扬传统孝道、引领社会良好风气的角度出发，该案例有利于鼓励社会中涌现出的赡养老人行为，对在全社会塑造"尊老、敬老、爱老"的良好氛围具有重要意义。本案例是人民法院践行运用社会主义核心价值观法治理念、弘扬中华民族养老敬老优良传统的典型案例，为审理同类案件提供了思路和样本。

七、居民楼加装电梯的受益方是否要给受损方补偿及补偿标准
——曾某某、陈某某等相邻关系纠纷案

【案件基本信息】

1. 案号

（2021）粤06民终263号

2. 案由

相邻关系纠纷

3. 当事人

上诉人（原审被告）：曾某某

上诉人（原审被告）：陈某某

上诉人（原审被告）：麦某某

上诉人（原审被告）：姚某某

上诉人（原审被告）：邱某某

上诉人（原审被告）：黄某某

上诉人（原审被告）：黄某

上诉人（原审被告）：谭某某

上诉人（原审被告）：彭某某

上诉人（原审被告）：廖某某

上诉人（原审被告）：潘某某

被上诉人（原审原告）：冯某某

原审被告：梁某某

原审被告：黄某1

【基本案情】

佛山市高明区某某住宅共有15户，一楼为单户102，二楼至八楼各有两户。同意加装电梯的住户情况如下：黄某1是201的业主，潘某某是301的业主，梁某某是302的业主，曾某某是402的业主，陈某某是501的业主，麦某某是502的业主，廖某某是601的业主，姚某某是602的业主，邱某某是701的业主，黄某是702的业主，黄某某和彭某某是801的共有业主，谭某某是802的业主。不参与加装的住户有102、202和401，冯某某是102的业主。同意加装的12户业主对电梯加装、维护的费用筹集达成一致意见，还约定如102、202、401户的业主提起诉讼，产生的律师费、赔偿费由12户业主平均分摊。

加装电梯工程经某设计有限公司设计,并经政府主管部门审核,于2019年11月18日取得《建设工程规划许可证》,之后进行实际施工,目前已经完工。电梯加装在4栋住宅楼前(与步梯井相对,在原告住宅阳台西南侧),电梯井采用钢结构,以钢化夹胶玻璃封闭,建筑高度为26.55米,基底建筑面积为5.75平方米,为7层7站7门,每层每站以钢平台与步梯转弯平台相连接。

冯某某向高明区人民法院起诉请求:(1)曾某某、陈某某、麦某某、姚某某、邱某某、黄某某、黄某、谭某某、彭某某、廖某某、潘某某、梁某某、黄某1(以下称曾某某等13人)共同向冯某某支付补偿款40 000元;(2)曾某某等13人承担本案诉讼费用。

【案件焦点】

曾某某等13人应否给予冯某某补偿款。

【法院认为】

佛山市高明区人民法院认为,冯某某与各住户是房屋不动产的相邻关系权利人,应当按照有利于生产、方便生活、团结互助、公平合理的原则,正确处理相邻关系。曾某某等13人通过自筹费用方式加建电梯,既方便出行,也对其房屋产生增值作用;考虑到电梯距离冯某某住宅的阳台有一定距离,电梯井体积不大并采用钢化玻璃封闭,对冯某某住宅的通风、采光不会产生太大影响,但从景观角度来看的确会产生一定影响。根据公平合理原则,并结合曾某某等13人的约定,法院酌定被告按照每户2000元的标准对冯某某作出适当补偿,对冯某某主张过高的部分不予支持。综上所述,依照《物权法》(已废止,下同)第84条[①]、《最高人民法院关于适用〈中华人民共和国民事

---

① 对应《民法典》第288条。

诉讼法〉的解释》第90条和《民事诉讼法》第64条之规定，作出如下判决：一、黄某1自判决发生法律效力之日起十日内向冯某某补偿2000元；二、潘某某自判决发生法律效力之日起十日内向冯某某补偿2000元；三、梁某某自判决发生法律效力之日起十日内向冯某某补偿2000元；四、曾某某自判决发生法律效力之日起十日内向冯某某补偿2000元；五、陈某某自判决发生法律效力之日起十日内向冯某某补偿2000元；六、麦某某自判决发生法律效力之日起十日内向冯某某补偿2000元；七、廖某某自判决发生法律效力之日起十日内向冯某某补偿2000元；八、姚某某自判决发生法律效力之日起十日内向冯日辉补偿2000元；九、邱某某自判决发生法律效力之日起十日内向冯某某补偿2000元；十、黄某自判决发生法律效力之日起十日内向冯某某补偿2000元；十一、黄某某、彭某某自判决发生法律效力之日起十日内向冯某某补偿2000元；十二、谭某某自判决发生法律效力之日起十日内向冯某某补偿2000元；十三、驳回冯某某的其他诉讼请求。案件受理费800元，由黄某1、潘某某、梁某某、曾某某、陈某某、麦某某、廖某某、姚某某、邱某某、黄某、谭某某各负担40元，由黄某某、彭某某共同负担40元，由冯某某负担320元。

曾某某、陈某某、麦某某、姚某某、邱某某、黄某某、黄某、谭某某、彭某某、廖某某、潘某某不服一审判决，提出上诉。本案纠纷由既有住宅加装电梯引发。既有住宅加装电梯是一项惠民工程，旨在提升既有住宅通行的便利程度。邻里纠纷应秉持有利于生产、方便生活、团结互助、公平合理的原则加以处理。

佛山市中级人民法院认为，根据《佛山市既有住宅加装电梯管理办法》的规定，对加装电梯一事，如业主持反对意见的，应由区规划行政主管部门召集、联合审批部门召开协调会并根据协调会情况提出处理意见,组织同意加装电梯的业主与不同意加装电梯的业主进行协商,对利益受损的业主进行补偿并确定资金筹集方案。案涉楼房在申请加装电梯前,佛山市自然资源局高明分局已发布《关于某某街道某某号某某某加装电梯建设工程规划许可批前公示的公告》。该公告明确了建言渠道、反馈方式及有效期间。上述施工建设项目的书面公告业已粘贴在案涉楼房的显著区域。冯某某应当知悉公告内容,及时向行政主管部门提出对己有利的意见。规划许可批前公示程序的设置为冯某某提供了权利救济渠道。冯某某在本案中并未提交证据证明其在公告异议期内曾向相关行政主管部门提出因加装电梯对其在房屋内居住造成不利影响而要求补偿的主张。案涉楼房电梯加装项目经行政主管部门审核取得建设工程规划许可并已实际施工完毕。冯某某所称加装电梯未经事前公示与客观事实不符,法院不予采信。

经审查,案涉楼房电梯的加装符合《佛山市既有住宅加装电梯管理办法》的相关规定。冯某某认为其景观感受因电梯加装而受损,相应的居住舒适度也受到影响,该主张实质上反映的是其个人权利与其他同意加装电梯住户共同利益之间的冲突。加装电梯对改善案涉楼房整体居住条件、提升社区居民生活幸福感有积极作用。案涉楼房的住户应以文明、友善、宽容、互让的原则妥善处置上述权利冲突。冯某某作为不同意加装电梯的住户,应充分尊重楼房多数住户对加装电梯便利出行的实际需求,对加装电梯造成的居住舒适度不利影响应有必要的忍让。案涉楼房同意加装电梯的其他住户则应从各住户的实际情况出发,对不同意加装电梯、权益受损的住户主动予以补偿或赔偿,以维护案涉楼房居住区域全体住户的社会和谐。经实地勘验,案涉楼房在加装电梯后,电梯柱体及部分连廊客观上阻挡冯某某所在房屋外伸阳台西侧的日照和采光,一定程度上损害该当事人日照、采光方面的权利。根据《物权法》第92条①的规定，同意加装并正在使用电梯的住户依法应当给予冯某某适当的赔偿。结合加装电梯的方位以及冯某某房屋日照、采光受影响的程度，一审法院判令曾某某等13人按户分别向冯某某补偿2000元的数额合理，二审法院予以认可。尽管如此，一审法院以冯某某在房屋内居住的景观感受受到影响为由判令曾某某等13人予以补偿，属于适用法律错误，应予纠正。一审判决虽适用法律错误，但处理结果与二审法院的判定一致，二审法院对一审判决结果予以维持。曾某某等11人的上诉理由不成立，二审法院对其上诉请求不予支持。

二审法院依照《物权法》第84条、第92条，《民事诉讼法》第170条第1款第1项，《最高人民法院关于适用〈中华人民共和国民事诉讼法〉的解释》第334条②的规定，判决如下：驳回上诉，维持原判。

【典型意义】

友善是人与人之间和谐相处的重要基础，这一价值观念引导公民在人际交往、邻里生活中应做到互相尊重、互相关心、互相帮助以及相互谦让。本案中，邻里关系因老旧楼房加装电梯导致紧张。住户诉至法院后，人民法院充分利用社会主义核心价值观进行审理裁判和释法说理，从文明、友善、宽容、互让的角度出发，论证对既有住宅加装电梯是一项惠民工程，该项惠民措施有助于改善老旧楼房整体居住条件，有助于提升社区居民生活幸福感，让当事人能够产生认同加装电梯惠及他人的认识。同时，也要指引受益方意识到加装电梯给受损方房屋采光权造成了一定程度的损害，应该体谅受损方，对于受损的

---

① 对应《民法典》第296条。

② 对应《最高人民法院关于适用〈中华人民共和国民事诉讼法〉的解释》(2022年修正)第332条。

部分应该给予一定程度的补偿。结合立法目的和社会主义核心价值观的价值理念,该案妥善处理了因为加装电梯损害了部分低楼层居民的采光权而产生的矛盾纠纷,化解了住户之间因加装电梯导致的局部利益与整体利益冲突,既依法确认多数住户加装电梯便利出行的权利,也注重保护因加装电梯致使权利受损的少数住户利益,促进相邻各方和睦友好,构建和谐、友善、团结的社会主义新型社区。本案例是人民法院践行运用社会主义核心价值观规范和加强裁判文书释法说理的典型范例,为审理同类案件提供了思路和样本。

八、天津市人民检察院第三分院与李某某侵害烈士名誉民事公益诉讼案

【案件基本信息】

1. 案号

(2020)津03民初286号

2. 案由

侵害烈士名誉民事公益诉讼

3. 当事人

公益诉讼起诉人:天津市人民检察院第三分院

被告:李某某

【基本案情】

2019年3月31日,27名森林消防指战员和3名地方干部在扑灭四川省凉山州发生的森林火灾中壮烈牺牲。4月2日,应急管理部、四川省人民政府批准30名同志为烈士。4月5日,李某某在新浪微博对此公开发表带有侮辱性的不当言论,造成恶劣社会影响。2020年4月13日,滨海新区公安局对李某某作出行政拘留七日的行政处罚。2020年4月18日,天津市人民检察院第三分院在征求30名烈士的近亲属意见并取得支持和授权

后，对李某某侵害烈士名誉、损害社会公共利益的行为依法向天津市第三中级人民法院提起民事公益诉讼，要求依法判令李某某通过公开媒体赔礼道歉、消除影响。

【法院认为】

天津市第三中级人民法院认为，英雄是民族的脊梁，英雄烈士的光荣事迹所承载的精神价值，是中华民族共同的历史记忆，是全体中国人民共同的价值追求，是社会主义核心价值观的重要源泉，英雄烈士的姓名、肖像、名誉、荣誉等人格权益依法受法律保护，不容亵渎和非法侵害。在扑救四川凉山州木里县森林火灾中，赵某某等27名森林消防指战员和3名地方扑火队员英勇无畏、勇闯火海，为保护国家森林资源和人民群众生命财产安全而壮烈牺牲，他们的英雄事迹和精神，全社会都应当崇尚和学习。被告李某某作为中华人民共和国公民，对英雄烈士所体现的民族精神和公众情感，应当具有通常成年人所具有的认知和觉悟，其在人数众多、易于传播的互联网微博中，故意发表侮辱英雄烈士的不当言论，主观上明显存在过错，且其言论被多名网友阅看、评论及转发，造成了不良社会影响，其行为已经超出了言论自由的范畴，不仅侵害了30名英雄烈士的名誉权，伤害了烈士亲属及社会公众情感，还严重背离社会主义核心价值观，损害了社会公共利益，故李某某依法应当对其侵权行为承担相应的民事责任。同时，鉴于30名英雄烈士的近亲属明确表示不提起民事诉讼，并支持天津市人民检察院第三分院依法对李某某侵害烈士名誉、损害社会公共利益的行为提起民事公益诉讼的情况，故天津市人民检察院第三分院依法提起本案民事公益诉讼，主体适格，程序合法。

综上，公益诉讼起诉人天津市人民检察院第三分院要求判令被告李某某在省级媒体公开赔礼道歉、消除影响的诉讼请求，证据充分，依法有据，法院依法予以支持。根据《民法总则》(已废止)第185条①,《侵权责任法》(已废止)第2条②、第15条及第36条③,《英雄烈士保护法》第22条、第25条及第26条,《人民陪审员法》第15条第1款、第16条第2项及第22条,《最高人民法院、最高人民检察院关于检察公益诉讼案件适用法律若干问题的解释》第4条、第7条之规定,判决如下:被告李某某于本判决生效之日起十日内,在省级媒体公开赔礼道歉、消除影响。

【典型意义】

爱国之情是每个公民对祖国饱含的深刻情感,生长在这片土地上,我们有责任去热爱和呵护我们的国家,去崇敬、感恩、致敬那些为了国家和平安定、人民幸福安康献出宝贵生命的英雄们。爱国要求公民以振兴中华为己任,以崇尚英雄为基本,以实际行动促进民族团结,维护祖国统一,自觉报效祖国。本案是一起保护英雄烈士人格利益的典型案例。人民法院通过审理本案,向社会表明英雄是民族的脊梁,英雄烈士的光荣事迹所承载的精神价值,是中华民族共同的历史记忆,是全体中国人民共同的价值追求,是社会主义核心价值观的重要源泉。英雄烈士的姓名、肖像、名誉、荣誉等人格权益依法受法律保护,不容亵渎和非法侵害。英雄烈士的事迹已成为全社会、全民族宝贵的精神遗产,李某某在互联网微博故意发表侮辱性的不当言论,侵害了烈士的人格权益和社会公共利益,伤害了烈士亲属及社会公众情感,应承担法律责任。该案件的典型意义在于捍卫了英雄烈士名誉,维护社会公众对英雄烈士的情感,匡正社会不良风气,对于社会主义现代化精神文明建设、引领社会主义新风尚具有十分重要的意义,坚决纠正侵害英雄烈士的名

---

① 对应《民法典》第185条。
② 对应《民法典》第1164条。
③ 对应《民法典》第1194条、第1195条、第1197条。

誉权、伤害烈士亲属及社会公众情感的卑劣行为,这种行为不仅严重背离社会主义核心价值观,更损害了社会公共利益。本案例是人民法院践行运用社会主义核心价值观规范和加强裁判文书释法说理的典型范例,为审理同类案件提供了思路和样本。

九、社会主义核心价值观在法律事实认定中的适用
——黄某1诉平果县人力资源和社会保障局工伤行政确认案

【案件基本信息】

1. 案号

(2018)桂1023行初25号

2. 案由

行政确认

3. 当事人

原告:黄某1

被告:平果县人力资源和社会保障局

第三人:平果铝永昌服务有限公司

【基本案情】原告丈夫黄某某系第三人永昌公司员工,第三人派遣其到中铝广西分公司碳素厂综合车间收尘工岗位工作。2018年1月3日,黄某某被安排对设备进行收尘清理工作,下午工作完毕后去该厂澡堂洗澡。2018年1月4日上午7时30分许,工友许某上班时发现黄某某躺在澡堂地板上,嘴角有呕吐物,遂向车间领导汇报,领导立即拨打120急救电话。9时25分,黄某某被送往平果县人民医院进行抢救治疗,入院诊断为急性脑疝、高血压病、蛛网膜下腔出血等。12时10分至15时30分在手术室全身麻醉下,行左侧开颅腔镜辅助下脑内血肿清除术+颅内解压+脑脊液漏修补+去骨瓣减压术+右侧颅骨钻孔探查+右侧侧脑室穿刺脑脊液外引流术。黄某某术后意识障

碍未有减轻，并相继出现中枢性呼吸、循环系统衰竭、脑干功能衰竭，被紧急送入重症监护室，在重症监护室期间持续使用呼吸机控制呼吸和泵入大剂量血管活性药物维持血压。19时医生调节呼吸机参数，患者双侧瞳孔不等大，对光反射均消失。截至2018年1月10日7时10分，黄某某被医院宣布"临床死亡"。2018年1月12日第三人永昌公司向被告提出工伤认定申请，被告于2018年1月25日以黄某某突发疾病抢救无效死亡不符合《工伤保险条例》应当视同工伤（亡）的规定为由，作出平人社工不认字〔2018〕1号《不予认定工伤决定书》，不予认定工伤。原告对被告作出的工伤认定结果不服，遂向法院提起行政诉讼。

【案件焦点】

1. 造成黄某某脑出血死亡的原因是意外伤害还是其自身突发疾病。

2. 黄某某在工作时间和工作岗位突发疾病，在48小时之内经持续抢救无效后在48小时之外"临床死亡"的情形是否应视同为工伤。

【法院认为】

一审法院认为：根据《工伤保险条例》第5条第2款规定，县级以上地方各级人民政府社会保险行政部门负责本行政区域内的工伤保险工作。被告作为平果县的社会保险行政部门，负责本县的工伤保险工作，即被告具有依据原告的申请进行工伤认定的法定职权。本案中双方当事人对患者黄某某突发疾病在48小时之内经持续抢救无效在48小时之外"临床死亡"的事实无争议，原告对被告作出工伤认定的程序合法无异议，法院对此均予以确认。综合各方当事人的诉辩意见和陈述，本案的争议焦点是造成黄某某脑出血死亡的原因是意外伤害还是其自身突发疾病。本案需重点审查的问题是黄某某在工作时间和工作岗位突发疾病，在 48 小时之内经持续抢救无效后在 48 小时之外"临床死亡"的情形是否应视同为工伤。针对本案争议焦点，根据原告、被告双方提交的黄某某的全部病历材料以及法院对值班医护人员的调查笔录内容来看，虽然黄某某在抢救过程中全身皮肤存在破损、淤紫情况，但其头颅并无外伤痕迹，头部皮肤也未出现破损、淤紫情况，结合黄某某的年龄及既往高血压病史，基本上可以排除黄某某脑出血是意外伤害所致，而是其高血压病突发严重引发的。原告主张黄某某脑出血死亡是意外伤害所致，无证据证实，且有违医学常识和常理，法院不予采信。针对本案需重点审查的问题，《工伤保险条例》第 15 条第 1 款第 1 项规定，在工作时间和工作岗位，突发疾病死亡或者突发疾病在 48 小时之内经抢救无效死亡的视同工伤。法院认为，认定黄某某的死亡是否应视同工伤，关键在于如何理解和适用该条款，即一般情况下，在工作时间和工作岗位，突发疾病在 48 小时之外死亡的，原则上不能认定为工伤；但本案属于特殊情形，需结合法理和情理分析，综合考虑各种因素进行全面考量。本案中黄某某系在工作时间和工作岗位突发疾病经抢救无效后死亡，其病发后即被送往医院进行抢救，整个抢救过程都是持续依靠呼吸机等医疗设备和泵入大量血管活性药物来维持其呼吸和心跳等生命体征，且其在被抢救的第一天即 2018 年 1 月 4 日 19 时实际上已出现"脑死亡"的生理特征，而"脑死亡"是一种不可逆的生命状态，其纯粹是依靠医疗设备人为地维持着相应的生命体征，即只要将呼吸机等医疗设备撤除和停止泵入血管活性药物，其将会立刻停止呼吸和心跳等生命体征而进入"临床死亡"状态。也就是说，不管黄某某的家属和医院是否选择持续抢救，黄某某最终都会死亡。以此反推，如果黄某某的家属要求医院在 48 小时之内撤除呼吸机等医疗设备和停止泵入血管活性药物，则黄某某必然立即死亡。而黄某某的家属在其被抢救成功的希望非常渺茫的情况下选择继续抢救，更主要体现的是对亲人的留恋，也更加符合我国传统优良道德、基本医学伦理和社会主义核心价值观。这就需要我们从法理和情理上对此作出正面的、积极的评判，从而为整个社会提供更好的价值导向和传递更多的正能量。在此情况下，如果简单机械地以48小时之内"临床死亡"作为认定工伤的标准，将会使患者家属在选择继续抢救亲人还是获得工伤赔偿的问题之间产生严重的价值冲突，这显然是不人道的，也是违背当今社会主流价值观的。被告简单地以黄某某经抢救后在48小时之外"临床死亡"不符合视同工伤的情形为由不认定其为工伤，有违立法目的、立法精神和公平原则，不利于保障劳动者的合法权益。相反，如认定其为工伤，则更能体现国家、社会对劳动者的尊重和人文关怀，更好地实现法律价值和社会价值的有机统一。因此，综合考虑各方面因素，法院认为本案黄某某的死亡应视同为工伤为宜。被告平果县人社局作出的平人社工不认字〔2018〕1号不予认定工伤决定系法律理解不准确，处理结果不当，依法应予以撤销。

综上所述，依照《工伤保险条例》第15条第1款第1项，《行政诉讼法》第70条第2项和第6项之规定，判决如下：一、撤销被告平果县人力资源和社会保障局于2018年1月25日作出的平人社工不认字〔2018〕1号不予认定工伤决定；二、责令被告平果县人力资源和社会保障局在六十日内重新作出工伤认定决定。本案受理费50元，由被告平果县人力资源和社会保障局负担。

二审法院同意一审法院裁判意见。

【典型意义】

《工伤保险条例》第15条第1款第1项规定，在工作时间和工作岗位，突发疾病死亡或者突发疾病在48小时之内经抢救无效死亡的视同工伤。本案主要考察黄某某在工作时间和工作岗位突发疾病，在48小时之内经持续抢救无效后在48小时之外"临床死亡"的情形是否应视同为工伤。本案基于弘扬社会主义核心价值观，避免引导家属在救治亲人和获得利益之间选择，将在48小时之内经持续抢救无效后在48小时之外"临床死亡"的情形认定为工伤，有利于促进社会和谐。

工伤认定是我国劳动部门依法确认劳动者的伤残是否属于劳动法意义上的工伤的具体行政行为。认定劳动法意义上的工伤有两大法律标准：一是劳动法律关系是否存在；二是是否符合国务院《工伤保险条例》中认定工伤的7条标准或视同工伤的3条标准。劳动关系的认定是完成工伤认定的前提条件。在进行工伤认定之前，我们首先要确认劳动者和用人单位存在合法有效的劳动关系。认定劳动关系的目的在于对劳动者和用人单位各自的权利与义务进行明确。劳动者需要具备劳动权利能力和劳动行为能力。用人单位需要具备合法用工资格。劳动者申请工伤认定要提供劳动合同或聘用合同的文本复印件等，或者能够证明自身与用人单位之间存在事实劳动关系、人事关系的其他材料。

工伤认定的核心在于认定是否为工伤。所谓工伤，其核心在于伤害"与工作相关"。[①] 本案中双方对于伤害在工作时间和工作地点发生并无异议，关键在于对《工伤保险条例》第15条第1款第1项规定"48小时经抢救无效死亡"法律内涵的理解和适用。一般情况下，在工作时间和工作岗位，突发疾病在48小时之外死亡的，原则上不能认定为工伤。首先，要明确48小时的起算时间。根据《劳动和补偿保障部关于实施〈工伤保险条

---

① 谢增毅：《"工作过程"与美国工伤认定——兼评我国工伤认定的不足与完善》，载《环球法律评论》2008年第5期。

例〉若干问题的意见》第 3 条规定，医疗机构的初次诊断时间为突发疾病的起算时间。

本案能否认定属于"48 小时内经抢救无效死亡"情形，关键在于确认在 48 小时内，劳动者是否存在继续存活的可能。若医生认为劳动者在突发疾病 48 小时内存在抢救存活的可能性，并且建议继续抢救，而后由于其他原因导致死亡，则不能认定为"48 小时内经抢救无效死亡"。本案劳动者在 2018 年 1 月 4 日 19 时实际上已出现"脑死亡"的生理特征，而"脑死亡"是一种不可逆的生命状态，其纯粹是依靠医疗设备人为地维持着相应的生命体征，即只要将呼吸机等医疗设备撤除和停止泵入血管活性药物，其将会立刻停止呼吸和心跳等生命体征而进入"临床死亡"状态。而且绝大多数人在脑死亡后即使被给予全方位救治，在一周内都会因全身器官衰竭而死亡。这意味着无论家人是否选择抢救，劳动者均会最终死亡。鉴于此，判断是否属于"48 小时内经抢救无效死亡"要考量医生是否已经在 48 小时内作出劳动者必然会死亡的判断。若是劳动者在突发疾病 48 小时内已经出现医学上认定的死亡现象，家属基于感情要求继续抢救，但是医生认为无抢救成功可能性时，虽然劳动者不在 48 小时内死亡，基于弘扬社会主义核心价值观的导向，为了避免家人丧失对劳动者积极抢救的主观能动性，应当将此种情形视为"48 小时内经抢救无效死亡"，符合人伦，有利于弘扬中国传统家庭文化，更有利于促进社会和谐。

十、利用疫情发布虚假防疫物资信息骗取他人钱财应从重处罚

——卢某某诈骗案

【案件基本信息】

1. 案号

(2020)鲁0781刑初490号

2. 案由

诈骗罪

【基本案情】

2020年2月,在疫情防控期间,被告人卢某某通过微信朋友圈宣传,称自己能购买到口罩并对外出售,后其通过此种方式骗取他人钱财,用于自己在网络赌博挥霍。具体犯罪事实分述如下:(1)2020年2月17日,通过微信以卖口罩为名,骗取被害人亓某3300元。(2)2020年2月17日、18日、19日,通过微信以卖口罩为名,骗取被害人张某24.05万元。(3)2020年2月21日、22日,通过微信以卖口罩为名,骗取被害人王某12万元,5月3日退还被害人王某6万元。(4)2020年2月16日、19日,通过微信以卖口罩为名,骗取被害人宋某85 500元。(5)2020年2月14日,通过微信以卖口罩为名,骗取被害人管某175 000元,后被害人管某多次追要,被告人卢某某于2月19日、21日退还155 000元。

【案件焦点】

1. 卢某某的行为是否构成诈骗罪。
2. 卢某某的行为是否应当加重处罚。

【法院认为】

山东省青州市人民法院经审理认为:被告人卢某某以非法占有为目的,在新冠肺炎疫情防控期间,谎称能购买到防控物

资，骗取他人财物，数额巨大，其行为已构成诈骗罪，应追究其刑事责任。案发后，被告人卢某某主动到公安机关投案，并如实供述自己所犯罪行，系自首，可从轻处罚。公诉机关的指控成立，法院予以支持。鉴于被告人卢某某自愿认罪认罚，并退赔了部分被害人的部分经济损失，可酌情从轻处罚。综上，公诉机关的量刑建议适当。

为保障公民的财产权利不受侵犯，打击犯罪，依照《刑法》第266条、第67条第1款、第52条、第53条第1款、第64条及《刑事诉讼法》第15条、第201条之规定，判决如下：一、被告人卢某某犯诈骗罪，判处有期徒刑七年，并处罚金人民币50 000元。二、责令被告人卢某继续退赔被害人张某240 500元、王某60 000元、宋某85 500元、管某20 000元。

【典型意义】

在疫情发生伊始，由于防疫物资短缺，短时间内疫情信息发布渠道闭塞，民众获取信息的途径有限，且很难判断信息真伪，因此，微信"朋友圈"就成了某些"消息灵通人士"获取信息最便捷的途径。犯罪分子利用信息壁垒造成的信息不对称，大肆宣扬可以通过"特殊途径"获取口罩等防疫物资，由于网络社交媒介的裂变扩散速度极快，因此，这类案件的受害人人数往往较多，给案件的取证带来较大困难。很多不法分子正是瞄准这一时机，大肆发起"国难财"，以口罩诈骗为代表的涉疫电信诈骗出现爆发式增长，让不明真相的群众落入圈套，造成恶劣社会影响。2020年2月6日，最高人民法院、最高人民检察院、公安部、司法部出台司法文件统一司法适用标准，联合印发《关于依法惩治妨害新型冠状病毒感染肺炎疫情防控违法犯罪的意见》，明确要求从快从严打击以"口罩诈骗"为代表的涉疫违法犯罪，并取得突出成效。

本案认定诈骗罪无可争议，但相比于普通诈骗案，其不同点在于，犯罪分子利用疫情期间民众的恐慌心态散布虚假防疫物资信息，其哄抬物价，造成社会恐慌情绪，扰乱正常的公共卫生秩序，为防疫工作带来极大障碍。本案中，除了诈骗数额较大之外，行为人扰乱公共卫生秩序的行为也必须在量刑时予以充分考虑，以儆效尤。因此，法院在判决时在第二个量刑幅度内，即三年以上十年以下这个幅度内对行为人予以处罚，并处以罚金刑，方能达到罪责刑相统一的刑事立法目的。

诚实守信是中华民族的传统美德，同时也是为人处世的基本原则。新冠肺炎疫情防控初期防疫物资短缺，利用疫情发布虚假防疫物资信息骗取他人钱财，不仅侵犯了他人的财产权利，也干扰和影响了防疫工作的有序推进，在违背诚信原则的同时逾越了法律底线。青州法院立足疫情防控总体态势，充分发挥刑事审判职能，高效精准地打击了发布虚假防疫物资信息实施诈骗的犯罪行为，切实保障了疫情防控和复工复产的统筹推进。该案例是大力弘扬社会主义核心价值观的典型案例，倡导公民在进行社会交往中遵循守法、守信的原则要求，自觉约束自己的行为。

十一、拒不执行支付赡养费判决、裁定的，可以酌情从重处罚

——任某某拒不执行法院判决裁定案

【案件基本信息】

1. 案号

（2019）黔0327刑初115号

2. 案由

拒不执行法院判决裁定罪

【基本案情】

2018年3月14日，王某某向凤冈县人民法院提起诉讼，要

求任某某等人履行赡养义务。凤冈县人民法院于2018年7月11日作出（2018）黔0327民初822号判决，任某某等五人自2018年7月起每人每月应给其母亲王某某赡养费200元，每半年支付一次。该判决发生效力后，被执行人任某某未履行。申请执行人王某某于2019年1月31日向凤冈县人民法院申请强制执行，凤冈县人民法院于2019年2月2日通过短信向被执行人任某某送达了执行通知书等法律文书，其执行的内容为向申请人王某某支付赡养费1200元，并承担执行费50元。被执行人看到短信后对此置之不理，执行人员及村委会干部多次打电话给任某某，劝其自动履行赡养义务，但任某某明确表示不予履行，拒绝执行，且在电话中对执行人员进行漫骂。

【案件焦点】

1. 任某某认为自己并未收到人民法院的判决，不清楚判决的内容，因此未履行义务。

2. 任某某是否构成拒不执行法院判决裁定罪。

【法院认为】

贵州省凤冈县人民法院经审理认为：被告人任某某在有能力履行人民法院生效判决的情形下而拒不执行，执行法官在送达执行通知后，逾期未执行，且在逾期后执行法官、相应基层组织干部与其进行沟通、劝其履行仍拒不履行支付母亲赡养费用的义务，不听从劝告，并辱骂执行法官，导致判决无法执行，情节严重，其行为已构成拒不执行判决、裁定罪。公诉机关指控罪名成立，法院予以确认。被告人任某某所犯罪行依法应当在"三年以下有期徒刑、拘役或者罚金"幅度内量刑。被告人任某某拒不支付法院生效判决确定的赡养费，酌情从重处罚；其在案发后主动投案，并能供述自己的犯罪事实，成立自首，依法可从轻或减轻处罚；被告人亲属代为履行了义务，且其认罪悔罪，可酌情从宽处罚；辩护人所提"其具有自首情节，以及无犯罪前科，认罪态度好，其亲属代为履行了确定的义务，取得了申请执行人的谅解，可酌定对其从轻处罚或减轻处罚"的辩护意见，与本案事实相符，法院予以采纳；被告人归案后能认罪认罚并签字具结，也可酌情从宽处理。综上所述，根据被告人任某某的犯罪事实、性质、情节和社会危害程度，结合其认罪、悔罪表现，公诉机关的量刑建议适当，法院予以采纳。据此，依照《刑法》第313条第1款、第67条第1款，《最高人民法院关于审理拒不执行判决、裁定刑事案件适用法律若干问题的解释》第7条及《刑事诉讼法》第15条、第201条之规定，判决如下：被告人任某某犯拒不执行判决、裁定罪，判处有期徒刑六个月。

【典型意义】

《刑法》第313条规定："对人民法院的判决、裁定有能力执行而拒不执行，情节严重的，处三年以下有期徒刑、拘役或者罚金；情节特别严重的，处三年以上七年以下有期徒刑，并处罚金。单位犯前款罪的，对单位判处罚金，并对其直接负责的主管人员和其他直接责任人员，依照前款的规定处罚。"《最高人民法院关于审理拒不执行判决、裁定刑事案件适用法律若干问题的解释》第7条规定："拒不执行支付赡养费、扶养费、抚育费、抚恤金、医疗费用、劳动报酬等判决、裁定的，可以酌情从重处罚。"

被告人任某某辩称自己未收到法院判决书，但在执行干警多次电话沟通过程中使用恶劣言语进行漫骂，其辩解缺乏事实依据。在收到人民法院执行通知书等法律文书后，对法律文书确定的"每月支付赡养费200元"的法律义务拒不履行。经查，任某某在浙江省某公司务工，月收入6000元左右，其夫妻每月支出约2000元左右，其长子任某1每学期上学费用3000余元。而任某某2019年1月1日至2019年6月12日的中国邮政储蓄银行交易显示,其本人账户余额为8323.88元,完全有能力履行支付赡养费的义务。截至2019年6月21日,任某某在有支付其母王某某赡养费的条件下仍拒不履行法院判决。故本案主客观完全符合拒不执行判决、裁定罪的构成要件,属于典型的有能力履行而拒不履行。

"羊有跪乳之恩,鸦有反哺之义。"尊老爱幼、孝敬老人是中华民族的传统美德,赡养老人则是法定义务。任某某认为,其未支付的仅仅是每月200元的赡养费,似乎标的之小不足以入罪,更何况赡养问题系"自家的家务事",法院亦不至于追究到底。但法治精神的核心便在于法律面前人人平等,在于有法必依、执法必严、违法必究。任某某因拒不执行法院判决书确定的赡养义务被判刑,既体现了司法机关对法律的坚决捍卫,更体现了新时期人民法院对仁孝美德的坚守传承。在法律的庄严审判面前,任某某当场向母亲下跪悔罪,引起现场旁听群众和一方百姓的热议。该案经中央广播电视总台、《光明日报》等各大主流媒体争相报道,成为凤冈法院以案普法、积极弘扬社会主义核心价值观的里程碑式案件。

十二、疫情防控背景下,轻微醉驾可以酌情从轻处罚
——王某某危险驾驶案

【案件基本信息】

1. 案号

(2021)鲁0117刑初258号

2. 案由

危险驾驶罪

【基本案情】

2021年7月11日20时45分许,被告人王某某酒后驾驶鲁SQXXXX号小型普通客车沿永兴路由南向北行驶,接近永兴

路府前大街路口时发现执勤民警,为逃避检查,随即靠路边停车后下车向南离开,被执勤民警抓获。经鉴定,被告人王某某血液中乙醇含量为 $84.6 \pm 3.6 mg / 100 ml$,属于醉酒后驾驶机动车。归案后,被告人如实供述上述犯罪事实。

【案件焦点】

王某某在醉酒驾驶机动车逃避检查前提下是否适用缓刑。

【法院认为】

山东省济南市钢城区人民法院经审理认为:被告人王某某在道路上醉酒驾驶机动车,其行为已构成危险驾驶罪,公诉机关指控的犯罪事实和罪名成立,法院予以确认,对辩护人关于从轻处罚及适用缓刑的意见予以采纳。

山东省济南市钢城区人民法院依照《刑法》第 133 条之一、第 52 条,第 67 条第 1 款,第 72 条第 1 款,第 73 条第 1 款、第 3 款,《刑事诉讼法》第 15 条之规定,判决如下:被告人王某某犯危险驾驶罪,判处拘役一个月十天,宣告缓刑三个月,并处罚金 8500 元(缓刑考验期从判决确定之日起计算,罚金已预交)。

【典型意义】

新型冠状病毒疫情出现以来,以习近平同志为核心的党中央始终坚持把人民群众生命安全和身体健康放在第一位,全国上下众志成城,万众一心,采取一系列"硬核措施"阻止疫情蔓延扩散,以责任和担当筑起了疫情防控的堤坝,谱写了人类抗击疫情历史绚丽华章。这其中,广大医务工作者为联防联控疫情蔓延、维护社会治安稳定作出了重要贡献,以实际行动践行了新时代"医者仁心"的庄严承诺和使命担当。

本案中,案发时疫情防控尚处于爬坡过坎的艰难时刻,全国各地都在严防死守,广大医务工作者更始终是处于疫情防控的第一线和最前端。本案中,被告人醉酒后驾驶机动车存在逃避检查行为，人民法院如果对其不予以缓刑，要符合罪责刑相适应原则。

但本案被告人作为一名基层的乡村医生，彼时承担着 4 个行政村 1500 余位村民的便民医疗服务职责和疫情防控职责，广大医务工作者在疫情防控一线承担着艰巨而光荣的任务，岗位的重要性较为突出。为充分保障被告人王某某所负责区域群众的医疗服务，强化而非弱化疫情防控的有限力量，结合被告人血液中的乙醇含量为 84.6 ± 3.6 mg/100ml，刚达到危险驾驶罪的入刑标准临界点，根据宽严相济的刑事政策，综合其犯罪事实、情节，认罪、悔罪态度，依法对其适用缓刑，这既符合疫情防控的大局，也符合社会主义核心价值观的理念与内涵，同时，现在刑法学界和司法实务界越来越倾向于刑罚的目的是预防犯罪而非惩罚，所以对其适用缓刑也符合现代刑罚理念。

十三、子女未尽到赡养义务，赠与人是否可以行使法定撤销权

——杨某 1、杨某 2 赠与合同纠纷案

【案件基本信息】

1. 案号

(2020) 津 03 民终 737 号

2. 案由

赠与合同

3. 当事人

上诉人：杨某 1

被上诉人：杨某 2

原审第三人：贯某某

【基本案情】

杨某 2 与杨某 1 系父子关系。杨某 2 与其妻魏某某有三女

二子。2017年春节期间，经过杨某1与其他兄弟姐妹商议，杨某2与魏某某在场的情况下，杨某1与其他兄弟姐妹达成《赡养父母的子女协议》，协议主要约定，杨某2、魏某某与长子杨某1、长媳贯某某共同生活，长子长媳负责日常生活起居（吃饭洗衣等）以及生病时看病、拿药，日常护理等，费用由父母的养老保险金等共同支出。如有重大疾病超出报销费用，首先由父母收入的钱支付，不够部分再由五个子女共同商议决定。父母二人去世后，现住房子（明湖苑13-1-×××）归长子所有。协议签订后，杨某2及魏某某开始与杨某1及贯某某共同生活。2019年4月30日魏某某去世。2019年5月2日杨某1与其他兄弟姐妹发生矛盾，杨某1要求杨某2搬出杨某1住所。杨某2搬出后由其他子女照顾生活。现杨某2名下无其他房屋。

另查，杨某2与魏某某生前在东某区有房屋（以下简称24号房屋）一处。杨某1在该村有位于西北区房屋（以下简称35号房屋）一处。2008年上述房屋拆迁置换时杨某2委托杨某1办理选房及一切手续。24号房屋有效置换面积为75.51平方米，置换后的房屋为东某区明湖苑26-2-×××号房屋，建筑面积为92.36平方米，35号房屋有效置换面积为76.49平方米，置换后的房屋为东某区华湖苑13-1-×××号房屋，建筑面积为95.77平方米。2009年8月8日，杨某2与杨某1共同到街道办事处办理产权变更手续，杨某2将明湖苑26-2-×××号房屋产权人变更为杨某1。因上述两所房屋合并选房，明湖苑26-2-×××号房屋92.36平方米中的16.85平方米系杨某1使用自己应享有的平米数及购买他人平米数所得。

2019年4月28日，杨某1与贯某某在民政部门协议离婚，离婚协议中约定，二人夫妻名下共同财产，明湖苑26-2-×××号房屋、华湖苑13-1-×××号房屋及裕岭嘉园11-×××号房屋归贯某某所有。2019年5月5日，贯某某取得涉诉房屋产权证。2019年9月，贯某某将涉诉房屋以120万元的价格变卖给案外人肖某某，2019年11月16日，涉诉房屋变更登记于肖某某名下。

庭审中，杨某2认可明湖苑26-2-×××号房屋92.36平方米中的16.85平方米为杨某1所有。杨某1提出，自1986年开始杨某2承诺将诉争房屋赠与杨某1，现杨某2行使撤销权已经超过法定期间，杨某1不同意杨某2继续与其生活，要求与其他兄弟姐妹共同轮流赡养杨某2。

【案件焦点】

杨某2能否撤销对杨某1的赠与。

【法院认为】

一审法院认为，本案涉诉房屋系杨某2与其妻魏某某共同所有的24号房屋拆迁置换所得。2009年8月8日，杨某2与杨某1办理了产权变更手续，将24号房屋置换后的涉诉房屋产权人变更为杨某1，因此，杨某2与其妻魏某某共同赠与该房屋给杨某1。杨某1主张涉诉房屋在拆迁前为其所有，但未提供充分的证据证明，对此法院不予采信。2017年春节期间杨某1与其他兄弟姐妹达成的《赡养父母的子女协议》中虽未涉及涉诉房屋，但已协商由杨某1主要负责杨某2与魏某某的生活起居。法律规定，对赠与人有扶养义务而不履行的，赠与人可以撤销赠与；赠与人的撤销权，自知道或者应当知道撤销原因之日起一年内行使。子女赡养父母不仅是法定义务也是中华民族的优良传统，赡养父母，不仅指金钱上的供养，而且包括精神上、身体上的照顾和扶助。自魏某某去世后，杨某1对杨某2更应给予生活上的照料和精神上的慰藉，但杨某1要求杨某2于2019年5月2日搬出其住所，拒绝履行赡养义务，杨某1的上述行为已具备法律规定的可撤销事由，该事由应自2019年5月2日开始计算，杨某2行使撤销权并未超过法定期间。涉诉房屋建筑面积 92.36 平方米中的 75.51 平方米为杨某 2 与魏某某的夫妻共同财产，75.51 平方米的 50% 即 37.76 平方米属于杨某 2 个人应享有的份额，故涉诉房屋中杨某 2 赠与杨某 1 的 37.76 平方米应予撤销，属于魏某某的 50% 杨某 2 主张撤销，法院不予支持。综上，依据《合同法》第 192 条第 1 款第 2 项、第 2 款①，《民事诉讼法》第 144 条②，《最高人民法院关于适用〈中华人民共和国民事诉讼法〉的解释》第 90 条之规定，判决：一、撤销坐落于天津市东某区 26 号楼 2 门×××号的房屋中杨某 2 对杨某 1 37.76 平方米的赠与；二、驳回杨某 2 的其他诉讼请求。案件受理费减半收取 40 元，由杨某 1 负担。

二审期间，各方当事人均未提交新证据。二审法院查明的事实与一审判决认定的事实一致。

二审法院认为，当事人对自己提出的诉讼请求所依据的事实或者反驳对方诉讼请求所依据的事实有责任提供证据加以证明。没有证据或者证据不足以证明当事人的事实主张的，由负有举证责任的当事人承担不利后果。《合同法》第 192 条第 1 款第 2 项的规定赋予了赠与人依法撤销赠与的权利，是法律对赠与人利益的特别保护。《老年人权益保障法》第 13 条规定，老年人养老以居家为基础，家庭成员应当尊重、关心和照料老年人。第 14 条规定，赡养人应当履行对老年人经济上供养、生活上照料和精神上慰藉的义务，照顾老年人的特殊需要。本案中，杨某 2 的各子女达成《赡养父母的子女协议》，明确约定了由杨某 1 负责杨某 2 的生活起居，但其后杨某 1 要求老人搬出住所拒绝履行赡养义务，已经构成了撤销赠与的法定情形，法院对此予以确认。关于上诉人主张的行使撤销权的期间问题，一审

---

① 对应《民法典》第 663 条第 1 款第 2 项、第 2 款。
② 对应《民事诉讼法》（2021 年修正）第 147 条。

法院认定撤销事由应自2019年5月2日开始计算并无不当,二审法院予以确认,对上诉人的主张不予支持。

综上,上诉人杨某1的上诉请求不能成立。一审判决认定事实清楚,适用法律正确,依法应予维持。依照《民事诉讼法》第169条第1款①、第170条第1款第1项②规定,判决如下:驳回上诉,维持原判。

【典型意义】

赡养老人既是中华民族的传统美德,也是公民应当遵守的法律义务。本案中父母以所居住房子赠与为条件,与子女签订赠与协议,子女应当按照协议的要求赡养父母。赠与物的给付应当是在完成赡养行为的条件下实现的,当子女没有履行赡养的义务便要求父母赠与房屋时,不仅违反了孝道,而且违反了合同的精神。拒绝赡养父母有违公序良俗,与社会主义核心价值观相违背,本案的典型意义在于,提醒我们孝敬父母、关心父母,对父母的生活给予积极关注。

十四、伪造证据面临的法律后果

——贵永(天津)国际贸易有限公司、天津恒丰融资担保有限公司买卖合同纠纷案

【案件基本信息】

1. 案号

(2019)津01民终5950号

2. 案由

买卖合同纠纷

---

① 对应《民事诉讼法》(2021年修正)第176条第1款。
② 对应《民事诉讼法》(2021年修正)第177条第1款第1项。

3. 当事人

上诉人（原审被告）：贵永（天津）国际贸易有限公司

被上诉人（原审原告）：天津恒丰融资担保有限公司

【基本案情】

天津恒丰融资担保有限公司委托贵永（天津）国际贸易有限公司购买进口车辆一台，双方并未签订书面买卖合同。2014年4月1日，天津恒丰融资担保有限公司通过天津农商银行向贵永（天津）国际贸易有限公司支付车款1 120 000元，同日贵永（天津）国际贸易有限公司向天津恒丰融资担保有限公司出具企业往来收据一份。贵永（天津）国际贸易有限公司提供的海关进口货物报关单显示：2014年4月21日，贵永（天津）国际贸易有限公司进口轿车一辆，型号为奥迪2995CC小轿车汽油型四座A8L3.0TFSI，单价146 590美元，2014年5月28日，天津津关国际货运代理有限公司向天津新港海关进行进口货物报关，报关单上载明收发货人为贵永（天津）国际贸易有限公司，消费使用单位为天津恒丰融资担保有限公司。2014年6月21日，贵永（天津）国际贸易有限公司向中国银行股份有限公司天津保税区分行申请境外汇款167 000美元。2014年7月22日，贵永（天津）国际贸易有限公司出具进口汽车提车通知书一份并向天津恒丰融资担保有限公司邮寄，载明天津恒丰融资担保有限公司委托进口的车辆已经到港，要求天津恒丰融资担保有限公司于2014年12月31日前携带提车相关资料到贵永（天津）国际贸易有限公司处办理提车手续，并释明逾期未办理所产生的滞港费用和相关物流费用由天津恒丰融资担保有限公司承担。

庭审中，双方当事人均认可相关车辆现停放在东疆自贸区自贸仓库院内露天处。

【案件焦点】

涉案车辆报关单是否属于伪造。

【法院认为】

一审法院认为,天津恒丰融资担保有限公司与贵永(天津)国际贸易有限公司口头约定由贵永(天津)国际贸易有限公司代为购买涉诉车辆,该事项系双方当事人在平等、自愿的基础上约定的,为双方真实意思表示,内容并不违反国家法律禁止性规定,故合法有效。当事人应当按照约定全面履行自己的义务。根据查明的事实,天津恒丰融资担保有限公司已依约向贵永(天津)国际贸易有限公司支付购车款,贵永(天津)国际贸易有限公司虽为天津恒丰融资担保有限公司提供进口轿车一辆,但其所提供的海关编号为xxx的货物报关单为伪造,并不能证明其为天津恒丰融资担保有限公司购买的车辆取得了相关合法手续,并能正常办理过户手续。一审法院认为天津恒丰融资担保有限公司坚持要求退回购车款的诉讼请求符合法律规定,一审法院予以支持。

综上所述,依照《民法总则》第179条第1款第4项[①]、《合同法》第60条[②]、《最高人民法院关于适用〈中华人民共和国民事诉讼法〉的解释》第90条之规定,一审法院判决:判决生效后十五日内,贵永(天津)国际贸易有限公司偿还天津恒丰融资担保有限公司购车款1 120 000元。如果未按判决指定的期间履行给付金钱义务,应当依照《民事诉讼法》第253条[③]之规定,加倍支付迟延履行期间的债务利息。案件受理费14 880元,由贵永(天津)国际贸易有限公司负担。

二审法院认为:上诉人主张口头约定的买卖合同标的物为奥迪2995CC小轿车,经双方当事人查看车辆存放现场后,确认涉案车辆车架号为WAURGB4H9DN038850,车架号信息与

---

① 对应《民法典》第179条第1款第4项。
② 对应《民法典》第509条。
③ 对应《民事诉讼法》(2021年修正)第260条。

上诉人所提交的《中华人民共和国海关进口货物报关单》一致。而上诉人所提供的报关单经审查与天津海关系统编号为020220101020095390的报关单电子数据不符,上诉人无法证明其为涉案车辆办理了合法的清关手续,亦未举证证明其能够为被上诉人办理车辆过户手续。因上诉人提供的报关手续不合法,导致被上诉人无法获得车辆过户的相关手续,合同的目的无法实现,故被上诉人有权解除合同。合同解除后,被上诉人有权请求上诉人返还已付款项。

综上所述,贵永(天津)国际贸易有限公司的上诉请求不能成立,应予驳回;一审判决认定事实清楚,适用法律正确,应予维持。依照《民事诉讼法》第170条第1款第1项规定,判决如下:驳回上诉,维持原判。

【典型意义】

本案是一起涉及伪造证据的典型案例。民事主体参与民事活动时,应诚实守信,共同努力实现合同目的,民事主体伪造证据,企图通过制作假报关单的方式来欺瞒合同当事人,最后导致车辆无法正常过户,该行为违反了诚信原则,违背了社会主义核心价值观。本案的判决,对于规范民事主体正常合法活动,遏制伪造证据、虚假陈述等不诚信诉讼行为具有重要意义。

十五、突发事件背景下行政机关应急处置措施合法性审查标准的认定

——翟某诉某区人民政府街道办事处确认行政行为违法及行政赔偿案

【案件基本信息】

1. 案号

(2020)津0106行初25号

2. 案由

确认行政行为违法及行政赔偿纠纷

3. 当事人

原告：翟某

被告：某区人民政府街道办事处（以下简称某区政府街道办）

【基本案情】

翟某在其所有房屋楼顶南北两侧露台自行搭建鸽棚，该鸽棚未申请建设工程规划许可，未经属地社区居民委员会审查同意。为饲养信鸽，翟某在楼道内堆放大量鸽粮和杂物，影响公共卫生。2020年新冠肺炎疫情出现后，为有力落实各项疫情防控措施，阻断各类潜在病毒传播途径，保障居民生命安全和身体健康，根据市、区两级疫情防控指挥部部署，某区九部门联合发出通告，在全区范围内深入开展饲养鸽专项治理，要求饲养鸽子的居民对违规搭建建筑物、构筑物、棚亭及利用阳台、窗户、露台、屋顶等违规设置超大超宽鸽舍等问题在2月15日前自行拆除整改。某区政府街道办查明相关情况后向翟某当面送达了通告，并与其谈话，讲解疫情防控措施。翟某接到通知后将饲养的信鸽转移至他处，但未拆除鸽棚。2月15日中午，经沟通后，翟某拒绝配合，某区政府街道办执法人员实施应急处置措施，对鸽棚予以拆除。翟某不服，提起行政诉讼，请求确认某区政府街道办拆除行为违法，并赔偿损失1元及恢复鸽棚原状。

【案件焦点】

1. 某区政府街道办的行政行为是否合法。
2. 翟某赔偿请求是否有法律依据。

【法院认为】

法院生效裁判认为，原告未取得建设规划许可自行搭建鸽棚,在楼道内堆放大量鸽粮和杂物,对环境清洁和公共卫生产生影响,存在次生、衍生公共卫生事件发生的隐患,属于市、区两级疫情防控指挥部根据《突发事件应对法》发布的《关于在全市范围内加强畜禽及野生动物管控治理的意见》《关于在全区范围内加强畜禽及野生动物管控治理意见的通知》中明确要求清理拆除的对象。被告履行了告知送达义务、听取了原告的陈述和辩解意见,在原告未自觉履行应尽义务的情况下,实施应急处置措施,拆除了原告的鸽棚,符合正当程序原则。综上,法院判决驳回原告翟某的诉讼请求。

【典型意义】

法院主要从四个方面对于突发事件背景下行政机关应急处置措施的合法性进行审查。

一是主体资格与职权范围审查。《突发事件应对法》和各种单行性法律、法规规定了各类应急处置措施的实施主体及相应职权。在面对重大突发公共卫生事件时,时间紧急、任务紧迫,一些不具备主体资格或相应职权的基层单位,如村(居)委会等,通常会成为应急处置措施的实施主体,法院在审理此类案件时,往往会将主体资格与职权范围作为审查的主要内容。一般来说,突发事件实行"区政府行政首长负责制",由突发事件发生地的区政府作为责任主体。本案被告某区政府街道办是某区人民政府的派出机关,属于行政机关,负有在街域内独立履行法律、法规和人民政府决定设定的义务的职责,具备实施本案被诉应急处置措施的职责。

二是行政行为事实审查。行政行为事实审查是合法性审查的重点。法院主要审查突发事件情况及行政机关作出的应急处置措施。对于后者的事实审查与认定又是重中之重。实践中,行政机关之所以作出应急处置措施,主要是基于自身对于突发事件情况的判断和认定,因而成为法院进行事实审查的前提。本案中，法院对本案行政行为作出的背景作了深入的调查，某市启动突发事件应对一级响应属于进入非常时期，在此期间，必须阻隔一切可能传播疾病的源头，某区政府街道办在此背景下实施应急处置措施拆除鸽棚符合法律规定。

三是法律依据审查。应急处置措施的适用场景广泛，涉及的法律法规依据众多，构成了应急处置措施法律依据审查的难点。本案中，某区政府街道办的执法依据是《行政强制法》《突发事件应对法》、市疫情防控指挥部《关于在全市范围内加强畜禽及野生动物管控治理的意见》、某区疫情防控指挥部《关于在全区范围内加强畜禽及野生动物管控治理意见的通知》以及某区疫情防控指挥部制定的《关于开展居民饲养鸽子（含信鸽）专项治理的实施方案》。这些法律及文件均现行合法有效，且不存在位阶冲突，在疫情防控的特殊时期，某区政府街道办拆除鸽棚的行为是依法行政的体现。

四是执法程序审查。执法程序审查是判断执法行为合法性的重要标准，是行政机关作出行政行为的前提条件。本案中，被告为开展应急专项治理，制定工作预案且做了必要准备，多次与原告沟通谈话，履行了告知送达义务，听取了原告的陈述和辩解，在原告未自觉履行义务的情况下，实施应急处置措施，拆除了原告的鸽棚。被告作出行政行为的程序合法、正当。

本案是天津市首例新冠肺炎疫情期间因实施应急处置措施引起的行政诉讼案件。2020年年初，新冠肺炎疫情蔓延，人民群众生命安全受到严重威胁。在重大突发公共卫生事件一级响应情况下，公共卫生问题如不能及时彻底解决，必将对人民群众的生命安全、身体健康造成不利影响。《天津市文明行为促进条例》亦对在居民区内饲养家禽、家畜等行为作出了规定，饲养相关动物应遵守法律法规，保持环境卫生，避免干扰他人生活。原告的鸽棚未经相关部门批准，并且严重影响环境卫生及他人生活,人民法院坚持"人民至上,生命至上"原则依法裁判,有力维护了人民群众生命健康。

十六、网络虚假信息型寻衅滋事罪的认定标准
——彭某某寻衅滋事案

【案件基本信息】

1. 案号

(2020)鲁01刑终80号

2. 案由

寻衅滋事罪

【基本案情】

2011年12月以来,被告人彭某某任山东济南润丰农村合作银行(以下简称润丰合行)监事长,后润丰合行等单位合并组建济南农村商业银行股份有限公司(以下简称济南农商银行),彭某某因职级待遇和未进入济南农商银行领导班子而心生不满,多次通过信访手段谋求职级和职务上的不正当利益。山东省农村信用社联合社(以下简称省农信社)、济南农商银行等单位针对其信访事项分别进行了调查反馈或答复,但彭某某仍不满意。2019年5月,为向济南农商银行等单位施加压力,引起舆论关注,彭某某主动联系并雇用"网络推手"王某某(另案处理),二人共谋网络炒作方案,后彭某某两次付给王某某共计12万元。

2019年6月,被告人彭某某将道听途说、主观推测的不实材料,交由王某某加工并经彭某某同意后,二人通过昵称为"副监事晓彭"的微信公众号、"彭某某"的今日头条账号、"副监事晓彭"的百度百家号、"济南农商银行举报人彭某某"的微博账号在网上公开发布题为《实名举报山东厅级干部生活淫乱,银行资产损失近30亿元》等文章、信息50余篇。其中含有很

多虚假信息。上述文章、信息被新浪、搜狐、凤凰、腾讯、网易等 10 余家网络媒体转载报道，引发网民大量点击、转发及评论，点击量超千万次，造成公共秩序严重混乱。

【案件焦点】

在网络散布虚假信息如何定性。

【法院认为】

济南市历下区人民法院经审理认为：被告人彭某某的行为已构成寻衅滋事罪。根据彭某某犯罪的事实、性质、情节和对社会的危害程度，依照《刑法》第 293 条第 1 款第 4 项、第 25 条第 1 款、第 64 条及《最高人民法院、最高人民检察院关于办理利用信息网络实施诽谤等刑事案件适用法律若干问题的解释》第 5 条第 2 款的规定，以寻衅滋事罪判处被告人彭某某有期徒刑四年；扣押于公安机关的作案工具手机 2 部予以没收。

宣判后，被告人彭某某以"应重新进行 DNA 鉴定；其行为未造成公共秩序严重混乱；原审判决事实不清，证据不足，请求改判其无罪"为主要理由，提出上诉。

山东省济南市中级人民法院经审理认为：关于上诉人彭某某所提"应重新进行 DNA 鉴定"的问题。经查，本案中的 DNA 鉴定系具有鉴定资质的机构和人员依照鉴定程序作出，鉴定意见科学、合法、有效，应予采信，没有必要重新鉴定。上诉人的该上诉理由不能成立，不予采纳。

关于上诉人彭某某所提"其行为未造成公共秩序严重混乱"的问题。经查，彭某某为谋求职级和职务上的不正当利益，借故生非，将编造的虚假信息通过微信、微博、今日头条、百度等多个信息网络平台公开发布，被新浪、搜狐、凤凰、腾讯、网易等 10 余家网络媒体转载报道，引发网民大量点击、转发及评论，点击量超千万次，混淆视听，蛊惑群众，已造成公共秩序严重混乱。

关于上诉人彭某某及其辩护人所提"原审判决事实不清，证据不足，请求改判彭某某无罪"的问题。经查，原审判决认定的事实，有共同作案人王某某的供述，证人宗某某、刘某某、薛某某等人的证言，济南农商银行文件等书证，公安机关网络在线提取工作记录，DNA 鉴定书，山东省纪委省监委、省委组织部、省委宣传部、省公安厅、中央纪委国家监委驻中国银保监会纪检监察组联合调查组《关于济南农商银行彭某某网络举报问题调查情况公布》等证据予以证实，与彭某某在侦查阶段供述相互印证，上述证据真实、合法、有效，全案证据已形成完整的证明体系，案件事实清楚，证据确实、充分，足以认定彭某某的行为构成寻衅滋事罪。

上诉人彭某某为谋求职级和职务上的不正当利益，借故生非，伙同他人编造虚假信息后在信息网络上肆意散布，起哄闹事，被多家媒体转载报道，引发网民大量点击、评论，混淆视听，蛊惑群众，造成公共秩序严重混乱，其行为已构成寻衅滋事罪。依照《刑事诉讼法》第 236 条第 1 款第 1 项的规定，裁定如下：驳回上诉，维持原判。

【典型意义】

《最高人民法院、最高人民检察院关于办理利用信息网络实施诽谤等刑事案件适用法律若干问题的解释》第 5 条规定，行为人编造虚假信息，或明知是虚假信息，在信息网络上散布，或者组织、指使人员在信息网络上散布虚假信息，起哄闹事，造成公共秩序严重混乱的，以寻衅滋事罪定罪处罚。因为寻衅滋事罪法条规定的 4 种行为方式间存在较大区别，刑法理论界为方便表述将寻衅滋事罪各类型化行为依据其行为特征概括为"追逐辱骂型""随意殴打型""强拿硬要型""起哄闹事型"四类。本案中"网络虚假信息型"寻衅滋事与传统寻衅滋事罪规定的四种类型有所不同，它是寻衅滋事罪中的一种特殊的行为类型。

第一，成立网络虚假信息型寻衅滋事罪，要求行为人在信息网络上实施了编造、散布虚假信息，起哄闹事的行为，并且该行为造成了公共秩序严重混乱的结果，即在不法阶层要求行为人实施的行为具有刑法上的行为不法性，因此应当受到刑法处罚。不法阶层要求行为人的行为符合网络虚假信息型寻衅滋事罪所规定的行为要件，具体表现为三种类型的行为：一是行为人实施了编造虚假信息并在网络空间散布，起哄闹事的行为；二是行为人实施了明知是虚假信息而在网络空间予以散布，起哄闹事的行为；三是行为人实施了组织、指使他人将编造或明知是虚假的信息在网络空间进行散布，起哄闹事的行为。只要行为人实施了上述三种行为之一即触犯寻衅滋事罪。

第二，要求行为人编造、散布虚假信息的行为或组织、指使散布虚假信息的行为严重侵害了网络虚假信息型寻衅滋事罪所保护的法益。某一行为被界定为犯罪行为，在于该行为具有严重的法益侵害性，行为具有实质不法性。因此，在不法阶层考察某一行为时，还须着重判断行为人的行为是否侵害了罪名所保护的法益。

本案中，被告人彭某某因职级待遇和未进入单位领导班子而心生不满，多次通过信访手段谋求不正当利益。为向所在银行施加压力，引起舆论关注，彭某某雇用"网络推手"王某某，二人共谋网络炒作方案，彭某某两次付给王某某共计12万元。被告人彭某将不实材料交由王某某加工并经彭某某同意后，二人在网上公开发表文章、信息50余篇。上述文章、信息被10余家网络媒体转载报道，引发网民大量点击、转发及评论，点击量超千万次。其行为主观上编造失实信息，客观上造成公共秩序严重混乱，满足网络虚假信息型寻衅滋事罪的构成要件。

法治时代，网络空间的基础价值体现于信息真实。网络不是法外之地。利用网络传播虚假信息，侵犯他人合法权益，扰乱公共秩序的行为，必将受到法律的严惩。本案制裁了以网络为手段大肆散布虚假信息的犯罪行为，有力维护了网络空间秩序和良好舆论环境。这也是一堂很有意义的法治课，倡导公众线上线下均要诚实正直、守法守信，弘扬社会主义道德风尚。

十七、遗弃罪的认定标准
——周某某遗弃案

【案件基本信息】

1. 案号

(2020) 津 0116 刑初 765 号

2. 案由

遗弃罪

【基本案情】

被告人周某某在网上聊天，结识某男子后开始交往，交往几个月后因性格不合分手，便再无联系。2019 年 2 月 18 日，周某某在家产下一女婴，并向家人隐瞒生育之事，随后便将女婴遗弃在一处旧衣物爱心回收箱内。由于听到女婴哭声，过路的群众随即报警，后女婴被送至医院进行紧急救治。经医院诊断，女婴患新生儿寒冷损伤综合征。公安机关通过视频侦查，锁定遗弃女婴的周某某，并将其抓获。归案后，周某某如实供述了其犯罪过程和事实，2019 年 3 月 9 日，周某某被取保候审，回家后，其一直抚养该女婴，并为女婴办理了出生医学证明和户籍登记。

【案件焦点】

周某某是否构成遗弃罪。

【法院认为】

天津市滨海新区人民法院经审理认为：被告人周某某对其产下的无独立生活能力的新生儿，负有抚养义务而拒绝抚养，且将该新生儿丢弃在户外旧衣物爱心回收箱内,情节恶劣,其行为已构成遗弃罪,公诉机关指控的事实和罪名成立,法院予以支持。被告人周某某归案后如实供述其犯罪事实,系坦白,可以从轻处罚;其认罪、悔罪,自愿签署《认罪认罚具结书》,可以从宽处罚;被告人周某某在案发后能够认识到自己的错误,积极履行抚养义务,为孩子办理了出生证明和户口登记,并精心照顾孩子,目前孩子发育良好,未造成严重后果,其犯罪主观恶性较小;另外,其家庭条件困难,年幼的孩子需要其照顾,其父亲身患重病亦需要其赡养,被告人周某某肩负为人母、为人女的责任,需在今后的生活中抚养女儿,照顾老人,故可以酌情从轻处罚。对被告人周某某的辩护人提出的被告人周某某成立坦白,且自愿认罪认罚,又系初犯,后续行为一定程度上消解了其行为的不良社会影响,希望法院对其从轻处罚的辩护意见,与事实相符,有法律依据,依法予以采纳。

综上,结合被告人周某某的犯罪事实、性质、情节、社会危害性及认罪、悔罪态度等综合评判,同时考虑到被告人周某某的家庭实际状况,结合社区矫正机构同意对被告人周某某进行社区矫正的意见,被告人周某某符合缓刑的适用条件,对其可适用缓刑。公诉机关的量刑建议适当,法院依法予以支持。依照《刑法》第261条,第67条第3款,第72条第1款,第73条第2款、第3款,第76条;《刑事诉讼法》第15条、第201条之规定,判决如下:一、被告人周某某犯遗弃罪,判处有期徒刑八个月,缓刑一年(缓刑考验期限,自判决确定之日起算)。二、被告人周某某在缓刑考验期内,依法接受社区矫正。

【典型意义】

本案是一起监护人遗弃新生儿的典型案例。遗弃罪是指对年老、年幼、患病或其他没有独立生活能力的人,负有扶养义务而拒绝扶养,情节恶劣的行为。《刑法》规定遗弃罪的立法本意在于更有力地保护无独立生活能力家庭成员的合法权益，对无家庭责任感的人起到震慑作用，营造一个"少有所养、老有所依、残有所扶"的良好社会环境。本案被告人周某某将其产下的新生婴儿丢弃是典型的遗弃行为。古语云："虎毒不食子，舐犊总情深。"任何困难都不是遗弃孩子的理由，周某某的遗弃行为不仅严重危害孩子的身心健康，也造成了不良社会影响。考虑到尽可能为被害人创造一个良好的成长环境，综合被告人的父亲身患重病需要照顾等因素，办案法官经积极走访，开展社会调查评估，最终决定对被告人周某某判处缓刑，给其一个回归家庭、弥补亲情的机会。周某某认识到自己行为的危害性，主动承担起抚养责任，真正解决了新生儿的生存和成长问题。该案的裁判既是对不履行抚养义务的父母的一次深刻教育，也彰显了司法温情，同时，弘扬了社会主义核心价值观。

十八、维护诚实信用，优化营商环境
——钱某与广州某某网络科技有限公司悬赏广告纠纷案

【案件基本信息】

1. 案号

（2019）粤 0192 民初 790 号

2. 案由

网络悬赏广告

3. 当事人

原告：钱某

被告：某某网络科技有限公司（以下简称某某公司）

【基本案情】

2018 年 4 月，某某公司在"YY 极速版"客户端推出邀请好友注册奖励现金红包活动。钱某累计邀请了 9404 个新账号注册，上述新注册用户部分是使用"猫池"手机号的虚假用户，部分是专业赚取红包等利益的群体，并非真正意义上的用户。2018年12月，钱某在进行奖金提现操作时，该软件显示其提现申请未能通过。经咨询，某某公司的客服人员回复称，因钱某进行了违规操作，故收益无效，且被冻结提现操作。钱某遂诉至法院，请求某某公司支付奖金3.1万元。

【案件焦点】

1. 钱某的行为是否属于"刷量"操作。

2. 钱某的行为是否符合某某公司"邀请好友立赚"活动的规则。

3. 钱某是否有权要求某某公司支付"拉新"报酬。

【法院认为】

一是钱某的行为是否属于"刷量"操作。钱某组建或参与专为获得邀请者的奖励而组建的众多微信群，采用另行给被邀请者金钱等物质奖励的方式邀请了近万名涉案APP新用户。上述微信群成员注册成为新用户的目的是获取相应的奖励，而非真正使用涉案APP。某某公司通过专业公司监测到钱某邀请的新用户中，有的使用"猫池"手机号注册涉案APP，对于此类通过技术手段伪造手机号、伪造新用户的行为属于"刷量"操作，双方均无异议。对于被邀请用户使用真实手机号码的情形，表面上看，钱某为涉案APP邀请了大量新用户，但这些用户属于专门赚取网络红包等利益的群体，通常不能形成真正意义上的用户，钱某邀请其注册涉案APP的目的是刷高"拉新"的数量，以从某某公司获取更多的红包奖励。某某公司认为钱某的行为属"刷量"操作，符合本案事实，法院予以采纳。

二是钱某的行为是否符合某某公司"邀请好友立赚"活动的规则。钱某主张，其为涉案APP邀请了大量新用户，某某公司应按"邀请好友立赚"活动规则支付奖励。某某公司则认为，钱某的"刷量"行为，不符合活动规则。双方产生分歧的主要原因，是对通过"刷量"邀请的新用户是否属于上述活动中要求邀请的"好友"有不同理解。

《合同法》第125条第1款[①]规定："当事人对合同条款的理解有争议的，应当按照合同所使用的词句、合同的有关条款、合同的目的、交易习惯以及诚实信用原则，确定该条款的真实意思。""好友"属社交概念，"邀请好友"应当理解为邀请好朋友或邀请与邀请人有一定社交联系的人，在电子商务交易习惯中，这常被商家用作挖掘用户社交资源发展新用户的营销手段，本案"邀请好友立赚"活动亦不例外。某某公司开展该活动的目的是挖掘用户的社交资源，吸引更多的用户使用"YY极速版"APP，以提供更多的消费，进而增加营收。也就是说，某某公司将用户的好友作为可能使用涉案APP的群体予以开发。但钱某通过"刷量"邀请的"好友"，属于专门以赚取商家营销活动奖励为目的的群体，其注册完成并获得红包后一般不会再继续使用相关APP，将之纳入"邀请好友立赚"中的"好友"范围，显然不符合某某公司的真实意思表示，这在某某公司提现页面中关于刷量操作将冻结提现的说明中也得到了印证。因此，钱某通过"刷量"邀请的所谓"好友"，不应当认定为属于"邀请好友立赚"活动中"好友"的范围，否则就会违背"邀请好友立赚"活动的目的。当事人应当善意、合理地理解合同条款。钱某应当清楚地意识到上述活动中"好友"的含义、范围以及"刷量"操作的不良影响，如果把通过"刷量"邀请来的所谓"好友"认定为符合活动规则的"好友"，则有违诚信原则。由上可见，钱某的行为不符合某某公司"邀请好友立赚"活动的规则。

---

① 对应《民法典》第466条第1款。

三是钱某是否有权要求某某公司支付"拉新"报酬。本案所涉"邀请好友立赚"属悬赏活动,根据《最高人民法院关于适用〈中华人民共和国合同法〉若干问题的解释(二)》(已废止,下同)第3条关于"悬赏人以公开方式声明对完成一定行为的人支付报酬,完成特定行为的人请求悬赏人支付报酬的,人民法院依法予以支持"的规定,钱某只有在完成活动规则要求的"邀请好友"这一特定行为后才能要求支付报酬。因钱某"刷量"不符合活动规则,故其没有完成上述特定行为,其请求某某公司向其支付报酬,法院不予支持。尽管钱某的APP账户"我的零钱"显示了奖励金额,但在没有提现前,该奖励金额仍属某某公司的财产,其有权禁止提现。

综上所述,钱某的"刷量"行为看似完成了某某公司悬赏广告活动中的特定行为,但实际上是采用欺骗方法制造完成特定行为的假象,进而利用悬赏活动牟利,违反了诚信原则。"刷量"行为扰乱了电子商务活动的正常秩序、损害了互联网企业的合法权益,不应得到支持和鼓励。钱某的诉讼请求,于法无据,法院予以驳回。依照《合同法》第5条[①]、第6条[②]、第125条第1款及《最高人民法院关于适用〈中华人民共和国合同法〉若干问题的解释(二)》第3条的规定,判决如下:驳回原告钱某的全部诉讼请求。案件受理费108元,由原告钱某负担。

【典型意义】

民事主体从事民事活动时,应当诚实守信,正当行使民事权利并履行民事义务,不实施欺诈和规避法律的行为,在不损害他人利益和社会利益的前提下追求自己的利益。诚信原则是市场经济活动中的一项基本道德准则。民法将这一道德准则上

---

① 对应《民法典》第6条。
② 对应《民法典》第7条。

升为法律原则，要求民事主体在进行民事活动时维持民事主体之间的利益平衡以及当事人利益与社会利益之间的平衡。诚信原则在现代民法中具有重要的地位，被誉为现代民法的"帝王条款"。网络水军与流量造假不仅破坏公平竞争的市场秩序，还侵蚀网络空间的社会信任，更是违反社会主义核心价值观中的"诚信"，与当下的社会普适价值相背离。本案判决对人工刷量行为表明鲜明态度，依法认定采用欺骗方法制造虚假关注量，进而利用悬赏活动牟利的行为违反诚信原则，扰乱电子商务活动正常秩序。不予支持造假者获得奖励，有力打击人工"刷量"及其背后的黑灰产业链条，保障广大网络消费者合法权益，为平台经济健康持续发展营造公平、诚信、清朗的营商环境，是社会主义核心价值观融入司法案件中的表现。

十九、房屋受赠人存在赌博等恶习未改正前，赠与人可延缓办理房屋过户登记

——李某1、李某2赠与合同纠纷案

【案件基本信息】

1. 案号

（2020）粤1972民初4166号

2. 案由

赠与合同

3. 当事人

原告：李某1

被告：李某2

【基本案情】

涉案房产位于广东省东莞市，现登记在蔡某某名下，蔡某某系被告的配偶、原告的母亲。该房产未申办房产证。蔡某某于2017年12月29日因病去世。2018年12月26日，原告

通过办理公证继承的方式取得该房产 1/2 的份额，公证处出具（2018）粤莞南华第 020334 号公证书。原告、被告于 2018 年 12 月 17 日签订《房地产赠与合同》，并办理了公证，原告于 2018 年 12 月 26 日取得了（2018）粤莞南华第 020335 号公证书，该公证书记载被告同意将其对该不动产的 1/2 份额所有权赠与给原告。但因原告存在赌博行为并产生巨额债务，原告曾有变卖涉案房屋还债的念想，被告曾为原告偿还债务，于 2019 年 8 月 26 日向原告转账 300 000 元。本案诉讼前，被告仍收到网贷催债短信（原告向外举债留存被告联系电话号码），双方因纠纷曾到当地社区接受调解，仍未解决纠纷，导致被告为防止涉案房屋被原告变卖还债，迟迟未协助原告办理案涉房产的更名登记。原告以被告拒不配合其办理房地产权利变更登记为由提起本案诉讼。

被告另案提起（2020）粤 1972 民初 9888 号诉讼，本案因此被裁定中止审理。后（2020）粤 1972 民初 9888 号案件判决确认《房地产赠与合同》合法有效，且为不可撤销的合同，驳回了该案被告的全部诉讼请求，被告不服提出上诉，东莞市中级人民法院经审理后作出（2021）粤 19 民终 3656 号民事判决书，判决驳回上诉，维持原判，两判决现已发生法律效力。本案诉讼中，原告本人两次庭审均未到庭，原告的委托诉讼代理人对被告主张存在赌博行为并产生巨额债务之事、至今仍拖欠外债之事实没有否认；被告主张原告须改正赌博陋习和处理好债务，请求三年后再办理过户手续。

【案件焦点】

被告是否需要协助原告变更房地产权登记。

【法院认为】

法院基于已发生法律效力的（2020）粤 1972 民初 9888 号和（2021）粤 19 民终 3656 号民事判决书认定，涉案《房地产赠与合同》合法有效。

关于原告主张确认位于广东省东莞市的房产归原告所有。因案涉《房地产赠与合同》合法有效，原告因（2018）粤莞南华第020334号公证书继承其母亲对涉案房屋1/2的财产权，另一半涉案房屋的财产权为被告所有，被告虽已与原告签订了涉案《房地产赠与合同》，被告有意将其所有的涉案房屋的全部权利赠与原告，但未约定具体交付及办理过户登记手续的时间。根据《物权法》第14条①"不动产物权的设立、变更、转让和消灭，依照法律规定应当登记的，自记载于不动产登记簿时发生效力"的规定，住宅性质为不动产，属于应当登记的财产，涉案房屋的权属变更，应当以变更登记为准，故原告该诉求，没有事实与法律依据，法院依法应予驳回。

关于原告主张被告立即协助原告办理产权登记。鉴于原告存在赌博陋习、向外举债尚未还清之情况，且原告曾有变卖涉案房产还债之想法，被告出于维护赠与房屋给原告、改善原告居住条件的初衷，担心原告变卖涉案房产用于还债，故迟迟未协助原告办理涉案房屋产权变更登记合情合理。为弘扬社会主义核心价值观，维护家庭和睦及原告与被告父子间的亲情，原告理应及时改正错误，善待父亲，被告提出三年期限的过户时间，法院认为是必要、合理的。

综上所述，依照《合同法》第8条②，《物权法》第14条，《最高人民法院关于适用〈中华人民共和国民法典〉时间效力的若干规定》第1条第2款和《民事诉讼法》第64条第1款③、第142条④的规定，判决如下：一、限被告李某2于本判决发生法律效力之日起三年内协助原告李某1到不动产登记部门依法申

---

① 对应《民法典》第214条。
② 对应《民法典》第465条。
③ 对应《民事诉讼法》（2021年修正）第67条第1款。
④ 对应《民事诉讼法》（2021年修正）第145条。

请将位于广东省东莞市的房地产产权变更登记至原告李某 1 名下。二、驳回原告李某 1 的其他诉讼请求。

【典型意义】

家庭和睦需要家庭成员具有良好的愿望、忠实的行动和优良的品质,用长期的爱来筑造温馨的小天地,这样才能称得上和睦家庭。青年自立自强是家庭和睦、国家兴旺的前提条件。由于原告存在赌博陋习、向外举债尚未还清之情况,且原告曾有变卖涉案房产还债之想法,被告出于维护赠与房屋给原告、改善原告居住条件的初衷,担心原告变卖涉案房产用于还债,故迟迟未协助原告办理涉案房屋产权变更登记合情合理。本案充分考虑双方亲子关系、赠与房屋目的、受赠人赌博陋习等因素,弘扬社会主义核心价值观,维护家庭和谐及原告与被告父子间的亲情,原告理应及时改正错误,善待父亲,法院支持赠与人三年内办理房屋过户手续,兼顾了法理人情,对维护家庭和睦与社会稳定具有积极促进作用。本案警醒青年人应当奋发上进,珍惜父辈的奋斗成果,做好家庭财富的传承者和社会主义核心价值观的发扬者。

附 录

广西法院弘扬社会主义核心价值观典型案例汇编

一、王某某等诉潘某某生命权纠纷案

（一）基本案情

2020年5月27日晚，潘某某与王某某酒后沿355国道回家。途中，王某某多次强行对潘某某实施搂抱、亲吻，其间潘某某均予以反抗并用手推开王某某。王某某再次对潘某某强行搂抱，被潘某某用手推开后仰倒跌在地上，昏迷不醒。经医治无效后死亡。公安机关以潘某某涉嫌过失致人死亡罪向检察机关移送审查起诉。检察机关认为，潘某某在遭到王某某多次猥亵侵犯的情况下，出于本能反抗将王某某推开导致其跌倒死亡的后果，但该后果是由于当时潘某某不能预见的原因所引起的，其行为不是犯罪，决定对潘某某不予起诉。

原告王某1等系王某某的近亲属及法定继承人，向法院起诉要求潘某某赔偿死亡赔偿金、丧葬费、医疗费、被抚养人生活费、住院伙食补助费、精神抚慰金等共计 873 167.69 元。

（二）裁判结果

象州县人民法院于2021年11月19日作出（2021）桂1322民初1397号民事判决：驳回原告王某某等诉讼请求。

法院生效裁判认为：王某某违背潘某某的意愿，对潘某某实施搂抱、亲吻等不法侵害行为，由于不法侵害正在进行且具有现实紧迫性，潘某某出于本能推开王某某以保护自己的身体权不受侵害，符合正当防卫的条件，其行为构成民法上的正当防卫。潘某某出于保护自己身体的本能推开王某某，没有伤害王某某的故意，该行为未超过必要的限度，且王某某跌倒后及时求助他人进行救助，与其管理和控制能力相适应，故潘某某的行为不构成防卫过当，依法不应承担民事责任，故对原告诉请被告向原告支付赔偿金的请求，不予支持。

（三）典型意义（正当防卫）

正当防卫的实质在于"以正对不正"，是正义行为对不法侵害的反击，正当防卫能够有效保护国家、公共利益、本人或者他人的人身、财产和其他权利，同时也会给不法侵害人造成损害。依法认定正当防卫有利于制止不法侵害行为，有利于维护社会正义与社会秩序。本案中，潘某某在受到侵害后反抗致侵害者死亡，法院依法认定为正当防卫，符合法理、情理，切合社会主义核心价值观的原意。这不仅对不法者产生震慑作用，也鼓励广大女性在面临侵害时勇于反抗，为社会注入法治正能量，弘扬了社会主义核心价值观。

二、王某过失致人死亡案

（一）基本案情

2021年11月14日6时许，王某因感情纠纷与男友高某某发生争吵并提出分手。高某某用一把水果刀插入自己的右侧胸口自残并神志不清，王某将水果刀拔出并用手捂住伤口，随后拨打120急救电话。当120急救医护人员到达楼下时发现没人接车，电话联系王某，王某因欲待其朋友梁某到现场再请120进行抢救，于是其告诉接线员说不需要救护车了，医护人员便返回了医院，当时高某某还有生命体征。不久后梁某及该小区保安去到现场，梁某于当天6时51分再次拨打120急救电话，当医护人员于当天7时05分抵达现场时高某某双侧瞳孔散大，呼吸、心跳停止，经抢救，高某某于当天7时37分被宣告死亡。经法医鉴定，高某某系主动脉破裂导致出血性休克死亡。

检察机关以王某过失致人死亡罪提起公诉。

（二）裁判结果

玉林市玉州区人民法院于2022年4月29日作出（2022）桂0902刑初76号刑事判决书，以过失致人死亡罪判处被告人王某有期徒刑四年十个月。宣判后，王某提出上诉。玉林市中级人民法院于2022年7月28日作出（2022）桂09刑终71号刑事裁定书：驳回上诉，维持原判。

生效裁判认为：王某作为认知正常的成年人，已经预见到高某某在自残之后，可能会发生死亡的后果，但其因过于自信，消极不作为，耽误了对高某某的抢救时间，致使高某某未能得到及时抢救，最终导致了高某某的死亡，构成过失致人死亡罪。

（三）典型意义（救助义务）

救助义务可以来源于法定，也可以来源于先行行为等，也即非法定或约定的义务。为了保护自然人的生命权、身体权和健康权，弘扬社会主义核心价值观，自然人的生命权、身体权、健康权受到侵害或者处于其他危难情形时，法律鼓励和支持对自然人的适当救助，对负有救助义务而不作为行为人的予以惩治。

三、黄某某与韦某1、韦某2财产损害赔偿纠纷案

（一）基本案情

2021年3月26日，黄某某在校园打篮球时将手机遗失，4月30日，其发现韦某1所持手机为涉案手机，遂向其索要未果。2021年6月6日，黄某某报警，双方到广西柳州市永前路派出所调解，韦某1、韦某2承诺返还手机，如未能返还的将折价赔偿。因韦某1、韦某2未能在合理时间内返还手机，黄

某某遂以其侵害财产权益为由，诉至法院，请求赔偿经济损失2000元。

（二）裁判结果

柳州市柳南区人民法院于2021年8月19日作出（2021）桂0204民初4739号民事判决，判令被告韦某1、韦某2共同赔偿原告黄某某损失2000元。

生效判决认为，公民的财产权益受法律保护，侵害他人物权造成损害的，应承担民事责任。被告韦某1在拾得他人手机后，面对所有权人索取，既未主动返还，经公安机关调解后，也未能在合理期限内返还原物，其行为有违诚信原则存在过错，并造成原告财产损害，应承担赔偿责任。被告韦某1系未成年在校学生（14周岁），正处于人生观、价值观塑造的关键时期，被告韦某2作为监护人，应对其言行加以引导，培养其勇于担当、诚信友爱的道德品质，其子拾金而昧已是教育有失，被告韦某2怠于履行监护职责，在经司法机关调解后，也未在合理时间内返还手机或折价赔偿，一直推脱行事，为其子作出了不良示范，不符合民事活动的诚信原则，不利于弘扬社会主义道德风尚。原告诉请被告赔偿2000元符合涉案手机的市场价值，有事实和法律依据，依法予以支持。因被告韦某1系限制民事行为能力人，被告韦某2作为法定监护人监护不力，应承担赔偿责任。

（三）典型意义（拾金不昧）

拾金不昧是中华民族传统美德，需要全体社会成员共建与维护。以法律手段对监护人及其未成年子女价值观进行重塑，让未成年人的德行与心性符合社会主义核心价值观的诚信友善的实质要求。手机有价，诚信无价，诚信品质更不能用于讨价还价，人生的第一粒扣子应该由父母为孩子扣上。本案对传导美好道德风尚、督促监护人履行对未成年子女教育与保护义务，形成良好社会风气具有积极作用，弘扬了中华民族传统美德，维护了民事主体之间的信赖关系，有利于倡导诚信、友善、文明、和谐的社会主义核心价值观。

四、柳州市社会福利院诉王某某被继承人债务清偿纠纷案

（一）基本案情

李某某（已故）于2014年经社区、居委会、城区民政局层层审批认定符合"三无"人员条件，后入住柳州市社会福利院进行供养，后于2017年11月11日因病去世。王某某是李某某在1980年初接养的养子，在李某某死亡后，王某某提起继承诉讼，要求继承李某某生前享有的一套房产的62.5%权利份额。经法院审理后作出（2018）桂0205民初1587号民事判决书，支持了王某某的诉请，同时指出：王某某逃避责任、不尽赡养义务的行为应依法受到社区、民政部门（社会福利院）的追责，李某某作为"三无"人员在福利院供养所产生的各项费用，因查明尚有遗产可供执行，可由福利院以及相关民政部门作为权利人另行向王某某依法追偿。柳州市社会福利院提起诉讼，行使追偿权。

（二）裁判结果

广西壮族自治区柳州市城中区人民法院于2020年11月12日作出(2020)桂0203民初1694号民事判决：被告王某某在继承李某某遗产的范围内向柳州市社会福利院清偿李某某接受供

养期间所产生的各项费用53 330.85元。柳州市中级人民法院作出二审判决：驳回上诉，维持原判。

生效判决认为，王某某系李某某养子，未对其尽赡养义务，以致李某某被作为"三无"人员由柳州市社会福利院进行供养。在认定及入住柳州市社会福利院期间，王某某一直未向相关部门及柳州市社会福利院表明身份。李某某过世后，王某某以养子身份提起继承诉讼，柳州市社会福利院有权要求王某某清偿李某某在柳州市社会福利院所产生的各项费用。

（三）典型意义（公序良俗）

赡养父母、回报养育之恩不仅是中华民族的传统美德、社会的道德准则，更是子女对父母应尽的法定义务。王某某不尽赡养义务的行为违反法律相关规定，违背了中华民族的传统美德和社会伦理道德。王某某作为继承人主张继承后，继承债务即告成立。本案的判决结果正是对恪守孝道、树立优良家风、弘扬家庭美德等伦理观和价值观的贯彻，法院通过本案判决积极引导每一个家庭成员树立正确的家庭观念，告诫子女必须依法承担起应尽的赡养义务，养老送终是子女对父母应尽的孝道，社会公民要弘扬家庭美德，重视家庭文明建设，共建新时代美好和谐文明家庭。

五、温某等侵犯著作权案

（一）基本案情

被告人温某等5人原均系英腾公司职员，分别任技术经理、实体渠道销售部区域经理、市场专员、渠道专员、程序员职务，后5人先后离职。2016年，温某拿到"金考点"软件版权后，组织成立柳州天道科技有限公司、南宁伊考斯科技有限公司，运营和销售"金考点"软件和开发其他软件。用户下载安装"金考点"软件并购买相关科目后，可以查阅该科目的所有题目。其间，温某等以营利为目的，将英腾公司"考试宝典"软件题库内容私自复制到"金考点"软件使用并大量销售。经鉴定，"金考点"软件中共3744个注册会员购买了相关科目（包含题干、选项、解析均与"考试宝典"软件相同的题目）。

（二）裁判结果

2021年4月29日，柳州市鱼峰区人民法院作出（2019）桂0203刑初645号刑事判决，以侵犯著作权罪判处温某等有期徒刑二年六个月、二年不等，并处罚金。2021年7月28日，广西壮族自治区柳州市中级人民法院作出（2021）桂02刑终205号刑事裁定：驳回上诉，维持原判。

生效裁判认为，英腾公司对其"考试宝典"及内部的题库进行了著作权申请登记，按照法律规定，依法享有著作权。被告人温某等以营利为目的，将英腾公司"考试宝典"软件题库内容私自复制到"金考点"软件使用并以会员制方式大量销售，有3744个会员购买，情节严重，其行为均构成侵犯著作权罪。

（三）典型意义（诚信经营）

网上培训平台题库由来已久，盗版侵权题库并不少见。英腾公司自2005年5月成立以来，专业从事医学医药、建筑工程、金融财会等各类职业、职称专业考试软件等"互联网+"在线教育技术开发，成立至今对公司各项业务进行了大量的投入，包括聘请高校老师对题库进行内容编辑加工、研发等。英腾公司在收集考试宝典原始试题的基础上进行深加工，凝聚了英腾公司自己的创作，并有题干解析等智力成果的体现。英腾公司的"考试宝典"题库有改编已有作品的成分、有汇编历年真题和已有作品的成分、有英腾公司独创的成分，符合《著作权法》规定的作品表现形式。温某等人在英腾公司签订过《竞业禁止协议》，明知题库的知识产权属性及商业秘密属性；辞职前后共谋成立公司，私自下载英腾公司"考试宝典"题库复制到"金考点"软件题库内使用并销售牟利，侵犯英腾公司著作权。

本案是全国首例审结的涉网上培训平台题库著作权刑事案，案件最大的特点是"新"，属于知识产权领域新类型刑事案件，在本案宣判之前，全国并无案例。

六、刘某1、刘某2诉全州县某村民小组相邻通行纠纷案

（一）基本案情

原告刘某1、刘某2系兄弟，与子女儿孙长年居住在全州镇集才社区大坪岭自然村，通往原告村庄的原是羊肠小道，20世纪80年代末改为村道（土路，长约800米），其中一段通过被告的山场。2020年，全州县全州镇政府为解决通行问题，改善生产生活条件，将涉案村道硬化工程进行立项。原告在组织施工时，被告组织村民进行阻工。原告认为被告行为违反法律规定，已侵害到原告的权利，遂向法院提起诉讼，要求被告停止侵权。

（二）裁判结果

全州县人民法院于2021年10月27日作出（2021）桂0324民初2931号民事判决：一、被告全州县某村民小组不得妨碍原告在村道上合理通行；二、被告不得阻止原告对村道在原有路基、路面上进行修缮、硬化。宣判后，被告提出上诉，桂林市

中级人民法院于 2022 年 4 月 1 日作出（2022）桂 03 民终 225 号民事判决：驳回上诉，维持原判。

法院生效判决认为：不动产的相邻权利人应当按照有利生产、方便生活、团结互助、公平合理的原则，正确处理相邻关系。原告家族作为大坪岭自然村实际住户，长年生活在该村庄，享有正常通行的权利，享有追求更方便、更美好生活的权利，原告在原来已通行多年的诉争村道上进行道路硬化正是为了实现美好生活的目的，符合国家乡村振兴战略，与社会主义核心价值观契合，于情于法，理应支持。作为现有村道必经路线上山场的所有者，被告集体及村民应提供必要的便利，况且诉争村道的硬化也有利于被告更好地通行，被告及村民应给予理解和支持。原告方的诉讼请求有事实和法律依据，法院予以支持。

（三）**典型意义（和谐文明）**

不动产的相邻权利人应当按照有利生产、方便生活、团结互助、公平合理的原则，正确处理相邻关系。本案以《民法典》物权编的相关规定为法律依据，达到了政治效果、法律效果、社会效果的高度统一。提高村民生活水平，优化村屯居住环境，是人民对美好生活的质朴追求，理应得到支持，本案的判决充分体现了法院为人民谋幸福的初心使命，充分体现了社会主义核心价值观，弘扬了社会主义乡村振兴战略主旋律。

七、满某某、林某某诉北海市某区民政局停发低保金行政管理案

（一）**基本案情**

满某某与林某某系母子关系。二人于 2017 年 2 月 1 日开始每月享受最低生活保障待遇。2017 年 9 月 26 日，所在街道、社

区工作人员到二人家中进行低保动态管理入户调查，发现家中添置冰箱、洗衣机、液晶电视机等新家电，林某某帮亲戚看鱼塘有收入。街道办事处即召开低保民主评议会议，提出停发二人低保金的意见，并报北海市某区民政局审批。某区民政局作出《停保通知书》，决定停发二人低保金。二人就此提起行政诉讼，请求法院撤销《停保通知书》。

（二）裁判结果

北海市海城区人民法院于 2020 年 2 月 18 日作出（2019）桂 0502 行初 64 号行政判决：驳回满某某、林某某的诉讼请求。北海市中级法院于 2020 年 6 月 22 日作出（2020）桂 05 行终 54 号行政判决：一、撤销北海市海城区人民法院作出的（2019）桂 0502 行初 64 号行政判决；二、撤销某区民政局《停保通知书》；三、责令某区民政局支付满某某、林某某 2017 年 10 月至 2019 年 11 月的最低生活保障金。宣判后，某区民政局向广西壮族自治区高级人民法院申请再审，广西壮族自治区高级人民法院于 2020 年 12 月 29 日作出（2020）桂行申 610 号行政裁定，驳回其再审申请。

生效裁判认为：最低生活保障，是指国家对家庭人均收入低于当地最低生活保障标准的人给予一定现金、物质等财物帮助，以保障被帮助人基本生活所需的社会保障制度，属于典型的行政给付行为。最低生活保障涉及当事人的基本生活权利，无论是决定给付，还是决定停止给付或者责令退回，都应当查明当事人的真实家庭财产及收入的基本情况，并依据法定程序送达、告知，听取当事人的陈述、申辩，告知其复议和诉讼的权利。本案中，某区民政局在停发低保金前应当查清满某某等二人基本财产来源及真实收入情况，并听取其陈述和申辩，某区民政局仅依据街道办事处的民主评议，便认定满某某等二人的月收入为 1500 元，不符合当地的最低生活保障标准，属于事实认定不清。某区民政局作出《停保通知书》时，没有听取满某某等二人的陈述和申辩意见，程序违法。

（三）典型意义（依法行政）

本案涉及社会救助行为停止的合法性审查。本案判决从保障当事人基本生活权利、人格尊严等《宪法》保障的基本权利出发，认定某区民政局在事实上未核实满某某等二人真实的家庭月收入、家庭财产价值，程序上未履行给予其陈述、申辩等权利的情况下，作出停发低保金的行政行为，缺乏事实和法律依据，法院据此判决撤销《停保通知书》，并在查明满某某等二人实际符合享受低保待遇条件的基础上，直接判决某区民政局支付满某某等二人停发期间的低保金。生效判决响应"加强社会保障体系建设，统筹城乡社会救助体系，完善最低生活保障制度"的政策精神，在保持客观公正的同时秉持了司法为民、人民至上的立场，体现了鲜明的司法人文关怀与"民生无小事"的胸怀，充分彰显了蕴含社会主义核心价值观的审判原则和裁判理念。

八、北海市海城区人民政府某街道办事处诉徐某监护权纠纷案

（一）基本案情

徐某系徐某某（2010 年出生）的母亲。2018 年 9 月，徐某向北海市海城区某小学提出转学申请，但徐某某的电子学籍未转走，徐某某于 2019 年 6 月开始疑似辍学。2019 年 5 月至 7 月，北海市海城区某小学的老师多次对徐某某进行家访无果。2019 年 11 月，北海市海城区某街道办事处向徐某发出限期复学通知书、告知书，告知徐某自本通知送达之日起 7 日内，送

徐某某回到北海市海城区某小学三年级上学。徐某某辍学期间在案外人黄某的住处由黄某等人对其进行家庭教育至2019年6月。2020年3月起，徐某确认徐某某在四川绵阳接受家庭教育。北海市海城区人民政府出具授权书，授权该街道办事处对徐某监护权纠纷一案提起诉讼，对该街道办事处已进行的诉讼行为予以追认。

（二）裁判结果

广西壮族自治区北海市海城区人民法院于2020年9月3日作出（2020）桂0502民初219号民事判决，被告徐某于本判决发生法律效力之日起三个月内将其女儿徐某某送到北海市海城区某小学等有教育资质的学校继续接受并完成义务教育。宣判后，徐某提出上诉。广西壮族自治区北海市中级人民法院于2020年12月31日作出（2020）桂05民终2121号民事判决：驳回上诉，维持原判。徐某认为二审判决错误，提出再审申请。广西壮族自治区高级人民法院于2021年8月23日作出（2021）桂民申2557号民事裁定，驳回徐某的再审申请。

生效裁判认为：地方各级人民政府有责任采取有效措施保证适龄儿童接受义务教育。徐某及其女儿徐某某为北海市海城区人民政府辖区内的居民，该街道办事处作为北海市海城区人民政府的派出机构，已获得北海市海城区人民政府的授权，其有权通过民事诉讼等合法有效的方式组织、督促所辖区域内的儿童、少年接受义务教育。义务教育应为入学及在校教育，在家接受教育仅系义务教育的补充，不符合法律规定的入学及在校接受并完成义务教育的要求。本案中，徐某某于2019年6月20日后就未到学校接受义务教育。徐某作为徐某某的法定监护人，有义务监督并送徐某某入学接受并完成义务教育，但经徐某某就读学校多次劝学，其仍不送徐某某到学校接受义务教育，徐某的行为属于侵犯学龄儿童接受义务教育权利的违法行为，故原审判决根据该街道办事处的诉请责令徐某将徐某某送到有教育资质的学校继续接受并完成义务教育并无不当。

（三）典型意义（受教育权）

受教育权是《宪法》赋予公民的权利与义务，是公民享有的请求国家提供适当的接受教育的机会和条件，以学习知识、增进能力、发展人格的权利，是未成年人一项重要的发展权。受教育权是《宪法》所保护的公民基本权利，也体现了民法上的平等、公平原则。适龄未成年人接受义务教育不仅是适龄未成年人的权利和义务，更是适龄未成年人父母或其他监护人和社会的义务和责任。任何以作为或不作为的侵权行为限制、妨碍、剥夺他人受教育机会的行为都是对公民受教育权利的侵害。本案依法支持政府机构履职行为，认定适龄未成年人的监护人未履行保证其按时入学接受并完成义务教育的义务构成侵权，判决监护人履行保证适龄未成年人接受并完成义务教育的义务，有效地尊重和平等保护了未成年人的受教育权和发展权，为青少年保驾护航，助力未成年人健康成长。同时也体现了人民法院深入贯彻落实《义务教育法》《未成年人保护法》，保障国家政策得以正确施行，保障公益事业得到持续发展，推进社会和谐稳定，营造良好社会环境和氛围。

九、何某某与翟某某离婚后财产纠纷案

（一）基本案情

原告何某某与被告翟某某原系夫妻关系，二人于2002年12月9日登记结婚，于2021年11月22日判决离婚。2016年2月21日至2020年6月17日期间，原告何某某未经翟某某同

意向存在暧昧男女关系的黄某转款412 770元。为此，翟某某诉至法院，请求判令赠与行为无效。法院判决黄某向翟某某返还412 770元。目前，执行款项尚未支付给被告翟某某。

何某某起诉请求对前述412 770元及其利息按原告、被告各占50%的份额予以确认；判令被告翟某某付给原告206 385元。

（二）裁判结果

南宁市西乡塘区人民法院于2022年3月23日作出（2021）桂0107民初18902号民事判决：一、412 770元债权及利息由原告何某某享有30%，被告翟某某享有70%；二、驳回原告何某某的其他诉讼请求。

法院生效裁判认为，何某某在婚姻存续期间将夫妻二人共同创造的财富擅自赠与暧昧对象，既违背了诚信的社会主义核心价值观，也侵犯了配偶对共同财产享有的权利，应当受到规制和惩戒，故对涉案债权原告应当少分，酌情按照原告30%、被告70%予以分割。至于原告主张由被告支付原告其应分得的涉案债权，但未能提交证据证明涉案债权已由被告全部实现，故对原告该主张不予支持。

（三）典型意义（夫妻忠诚）

夫妻间有忠诚义务。《民法典》第1043条规定："家庭应当树立优良家风，弘扬家庭美德，重视家庭文明建设。夫妻应当互相忠实，互相尊重，互相关爱；家庭成员应当敬老爱幼，互相帮助，维护平等、和睦、文明的婚姻家庭关系。"夫妻一方在婚姻关系存续期间私自将夫妻共同财产赠与婚外情对象的做法违背了夫妻相互忠诚的义务，应当给予法律惩戒，故在离婚及离婚后的财产分割中少分的做法体现了法律对婚姻无过错方的保护原则。